はじめに

中高生のみなさんへ

あなたは「読む」ことが好《す》きですか？　スマホを見たりマンガを読んだりすることは楽しくても、文字がたくさんある本や教科書を読むことは今ひとつ……という人は多いのではないでしょうか。この本は、「教科書を見るだけで疲《つか》れる」「文章をスムーズに読むことが苦手」「漢字や英語《えいご》の読み方を覚《おぼ》えるのに苦労《くろう》している」……そんな中高生のみなさんが「読む」練習をするためのワークです。ポイントは、読みやすい内容《ないよう》、長さの文章から「まず、読んでみる」こと。「このくらいだったら読めるかな」というページからチャレンジし、自分に合う読み取りのコツを見つけ、学校生活や日常《にちじょう》生活に生かしてほしいと思います。

先生・保護者の方へ

中高生にとって文字や文章を「読む」こと、「書く」ことは、重要なスキルだといえます。授業の多くは、生徒たちがさほど苦労せずに教科書を読めてノートが取れることを前提に進められ、テストの多くは、学年相当の漢字の読み書きができることを前提に出題されます。しかし何らかの理由で読み書きが苦手な生徒たちは、日々の授業やテストに大変な労力を費やしているのにそのことに気づかれにくく、「やる気がない」ように見えてしまうこともあります。

わたしたちは、学習塾「さくらんぼ教室」で読み書きが苦手な多くの生徒たちと学習してきました。文部科学省の調査（2022年）によると、通常学級に在籍する「『読む』または『書く』に著しい困難を示す」児童生徒は小・中学生の3.5%、高校生の0.6%です。「苦手だけれど必死に読んでいる（書いている）」という生徒を含めれば、読み書きに不便さを感じている児童生徒は、さらに多くいるのではないでしょうか。

本書は、学校生活の中で読み書きに負担や苦手さを感じている中高生が、基礎的な段階から「読んでみる」、「書いてみる」ことを通して、読み書きのコツを見つけることをねらいとしています。『言葉・読み方編』では、言葉のきまりを確認してさまざまな文章を「声に出して読んでみる」、「書いてある内容を本文から読み取る」ことを通して、読み方のコツに気づけるようにしました。著者である濱野智恵や多くのスタッフが、長年にわたり生徒とともに取り組んできた個別教材がもとになっています。読み書きが苦手と感じる幅広い生徒を対象としており、「苦手」につながりやすい発達上の特性（「学習障害（LD）」や、特に読み書きに困難をもつ「発達性ディスレクシア」など）に焦点を当てた内容ではありません。さらに個別的な支援が必要な場合は、専門機関などと連携した支援や合理的配慮を検討してください。

「読みたくない」のではなく読むことが苦手、「書きたくない」のではなく書くことが苦手な生徒たちが、その方法をくふうすることによって「できる」ことがたくさんあることに気づき、学校生活や日常生活に生かせるようになることを願っています。

2023年8月　伊庭葉子

本書の使い方

本書の目的
（先生・保護者の方へ）

このワークは「読む」ことが苦手な中高生が、読み方のコツを学び、自分に合う方法で学習や生活の中の文章を読めるようになるための教材です。

実際に「読んでみる」ことを通して、「どんなくふうをすると読みやすかったか」を生徒と一緒に振り返りましょう。読むことの楽しさに気づけるよう支援をしてください。

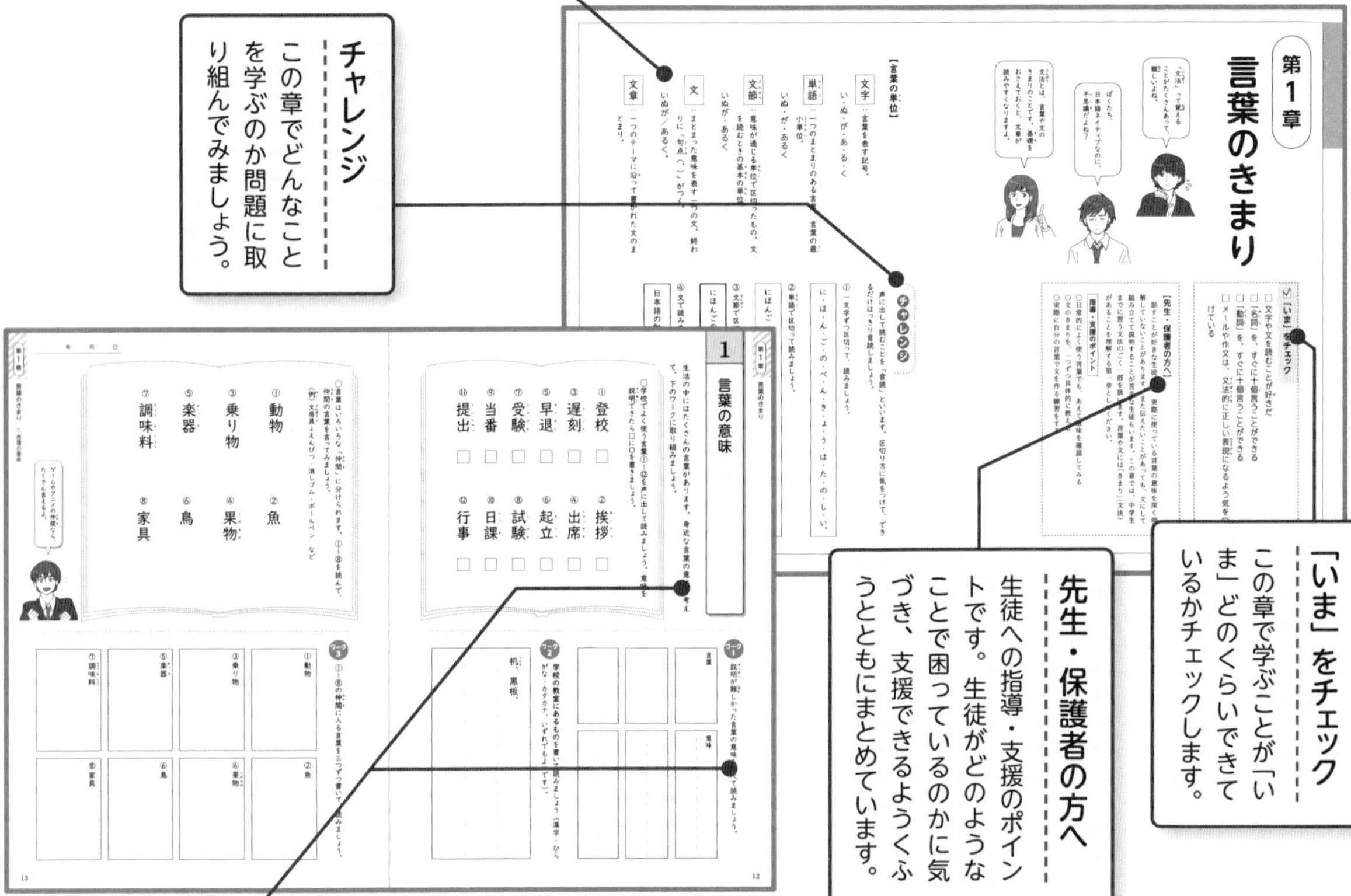

この章で学ぶことを確認《かくにん》しましょう。

チャレンジ
この章でどんなことを学ぶのか問題に取り組んでみましょう。

「いま」をチェック
この章で学ぶことが「いま」どのくらいできているかチェックします。

先生・保護者の方へ
生徒への指導・支援のポイントです。生徒がどのようなことで困っているのかに気づき、支援できるようくふうとともにまとめています。

各章《かくしょう》の問題・ワークに取り組んでコツを学び、自分に合う方法《ほうほう》を見つけましょう。

学習の順序

① **「読み書きバランスシート」（4～5ページ）で自分の得意《とくい》・苦手をチェックする。**
→自分の読む力・書く力を振《ふ》り返りましょう。

② **各章《かくしょう》のはじめのページからよく読んで、「チャレンジ」に取り組む。**
→章の中で学ぶ内容《ないよう》を確認《かくにん》し、今の自分のスキルを知りましょう。

③ **各章《かくしょう》の問題・ワークに取り組む。**
→ゆっくりでよいので、声に出して読んでから取り組みましょう。

★①～③を通して、自分に合う読み方のくふうを見つけ、学校生活や日常《にちじょう》生活に生かしましょう。

●先生・保護者の方向け
指導・支援のポイント

・生徒が「読めた」という成功体験を積めるよう、先生が適宜ヒントを出しながら問題・ワークを進めてください。「正解」「不正解」だけではなく、取り組みやくふうできたところをほめ、生徒の自信につなげましょう。
・はじめに先生が音読をして聞かせたり、あらすじを伝えたりすることで、文章の内容をイメージしやすくなります。文章に「／」で区切りを入れておくのもよいでしょう（例：日曜日は／朝から／雨が／降っていた）。
・難しかった読み方は、「読み方カード」（90ページ）「言葉リスト」（91ページ）にまとめたりして復習できるように支援しましょう。巻末の「読み方カード」「言葉リスト」を活用してください。
・生徒が解答を枠内に書くことに負担がある場合は、口頭で解答を確認してください。

この本で一緒に学ぶ
友達紹介

これからみなさんと一緒《いっしょ》に学ぶ友達《ともだち》を紹介《しょうかい》します。それぞれの個性《こせい》に注目して一緒《いっしょ》に学んでいきましょう。

読んだり書いたりするより、話すほうが好《す》きだな～！

課題《かだい》はとにかく早く終わらせたい！ そのため読み飛《と》ばしが多く、書く文字も雑《ざつ》になりがち。長い文章を集中して読むことが苦手。

作文は苦手だけれど、イラストで表現《ひょうげん》するのは得意《とくい》！

本を読むことは好《す》きだが、教科書やお便《たよ》りから大事な情報《じょうほう》を読み取ることは苦手。文章よりイラストのほうが自分の気持ちを伝《つた》えられる。

タブレットを使って読んだり書いたりする練習をしているよ！

文字を読んだり書いたりすることに時間がかかるため、テストのときには時間を延長《えんちょう》できる「合理的配慮《ごうりてきはいりょ》」を受けている。

クラスの友達

あなたの読み書きスキルをチェック！

読み 書き バランスシート

読み書き両方が苦手、あるいは両方得意《とくい》な人もいますが、「読むことは得意《とくい》だけれど書くことは苦手」「書くことはできるけれど、読むことは難《むずか》しい」など、読む力と書く力にアンバランスさがある場合もあります。問題・ワークに取り組む前に、まずはあなた自身の「読み書き」の力を振《ふ》り返って、「できていること」「これから練習したりくふうしたりすること」を考えましょう。「◎＝とてもよくできている・○＝できている・△＝一人《ひとり》ではできていない（苦手）」の3段階《だんかい》で、当てはまる記号に○をつけてみましょう。

	読む	書く
① ひらがな	◎・○・△	◎・○・△
② 特殊音《とくしゅおん》（例《れい》：きゃ・ぴょ）	◎・○・△	◎・○・△
③ カタカナ	◎・○・△	◎・○・△
④ 漢字（小1～2の範囲《はんい》）	◎・○・△	◎・○・△
⑤ 漢字（小3～4の範囲《はんい》）	◎・○・△	◎・○・△
⑥ 漢字（小5～6の範囲《はんい》）	◎・○・△	◎・○・△
⑦ 漢字（中学生の範囲《はんい》）	◎・○・△	◎・○・△
⑧ 短い文（1～2行）	◎・○・△	◎・○・△
⑨ 教科書の文章	◎・○・△	
⑩ 本・小説《しょうせつ》	◎・○・△	
⑪ 古文	◎・○・△	
⑫ 作文（200字程度《ていど》）		◎・○・△
⑬ 板書・授業《じゅぎょう》のノート		◎・○・△
⑭ 習字		◎・○・△
⑮ アルファベット	◎・○・△	◎・○・△
⑯ 英単語《えいたんご》	◎・○・△	◎・○・△
⑰ 英文	◎・○・△	◎・○・△

「読む」「書く」それぞれ◎・○がいくつあったか数えてみよう。

	◎	○	△
読む	個《こ》	個《こ》	個《こ》
書く	個《こ》	個《こ》	個《こ》

わたしは「書く」より「読む」のほうが◎の数が多かったよ！
ぼくは「読む」と「書く」の◎の数が同じ！

読み書きのバランスを見てみよう　あなたはどれに当てはまる？

右ページの表の◎・○・△の数を「読む」「書く」で比《くら》べて、当てはまるタイプに☑を入れましょう。

□「読む」ほうが苦手

→書くことに比《くら》べて読むことが苦手なタイプ（「書く」に◎・○が多い）。

□「読む」力と「書く」力に差がない

→「読む」「書く」の◎・○の数がほぼ同じ。読み書きの力を見直してみましょう。

□「書く」ほうが苦手

→読むことに比《くら》べて書くことが苦手なタイプ（「読む」に◎・○が多い）。

「読む」ことであなたが苦手なこと・困《こま》っていることは？

くふうしていることは？

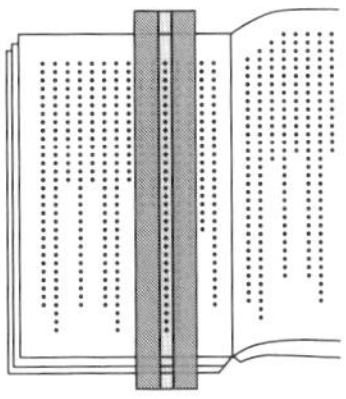

「書く」ことであなたが苦手なこと・困《こま》っていることは？

くふうしていることは？

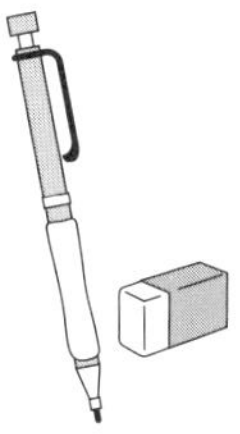

取り組めそうなくふうに☑をしてみましょう。

学校でできる！読み書きのくふう

●読む

- □教科書やプリントを拡大《かくだい》する
- □漢字に読みがな（ルビ）をふる
- □タブレットやパソコンの画面で読む
- □読む時間を延長《えんちょう》したり課題《かだい》の量《りょう》を調整したりする

●書く

- □プリントを拡大《かくだい》して書きやすくする
- □マス目や罫線《けいせん》のあるノートを使う
- □タブレットやパソコンで入力する
- □書く時間を延長《えんちょう》したり課題《かだい》の量《りょう》を調整したりする

次のページの「読み書き　サポートの例《れい》」も参考《さんこう》にしてみましょう。←

読み書き　サポートの例

読む

タブレット（パソコン）
文章を拡大《かくだい》したりフォントや背景《はいけい》の色を変《か》えたりすることで読みやすく表示《ひょうじ》できます。

読みがなを自動で振《ふ》ってくれるソフト（アプリ）もあります。

辞書《じしょ》（電子辞書《じしょ》）
漢字や英単語《えいたんご》の読み方を調べることができます。

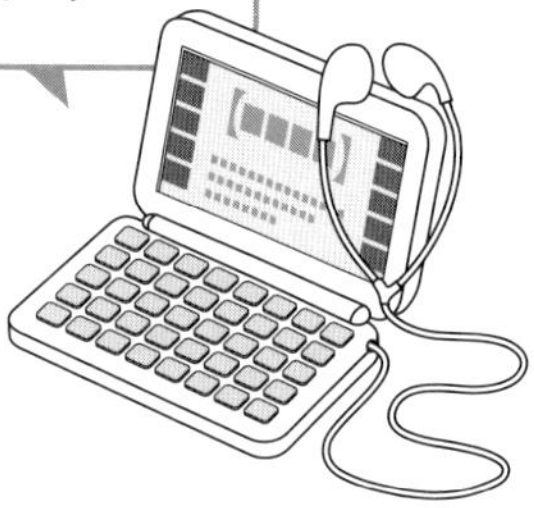

音声読み上げソフト
文章を音声で読み上げることができます。英語《えいご》の読み方も音声で確認《かくにん》することができます。

アレルギーや自己
免疫疾患を誘発します
そして今や遺伝子組み
換え食物は私たちの

リーディングトラッカー
文章に当てて読むことで読み飛《と》ばしを防《ふせ》ぎます。

読みやすい色の下じきを当てるのもよいでしょう。

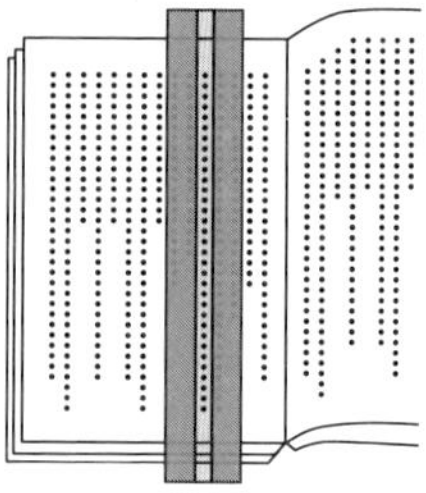

単語《たんご》カード・単語《たんご》リスト
漢字の読みや英単語《えいたんご》の読みを単語《たんご》カードにして覚《おぼ》えましょう。読めなかった言葉のリストを作っておくのもよいですね。

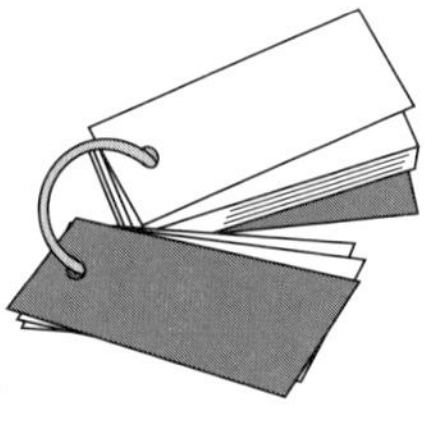

ワークの巻末《かんまつ》に「読み方カード」「言葉リスト」がついています。コピーして活用しましょう。

●先生向け

学校でできるサポート

〈文章を読むのが苦手な場合〉
・はじめに先生が文章を音読する（聞いて内容とイメージさせる）。
・文章を読む前に、文章の要約（あらすじ）を伝える。
・文章に「／」で区切りを入れておく。
（例：日曜日は／朝から／雨が／降っていた。）

〈教材やプリントのくふう〉
・漢字や英単語に読みがな（ルビ）を入れておく。
・読みやすいよう拡大コピーをする。
・生徒が読みやすいフォントで作成する。
・特に大事な情報に蛍光ペンで線を引いておく。
（例）プリントに記載されている提出物の締切日など。

書く

タブレット

板書を撮影《さつえい》したり手本を表示《ひょうじ》したりすることができます。

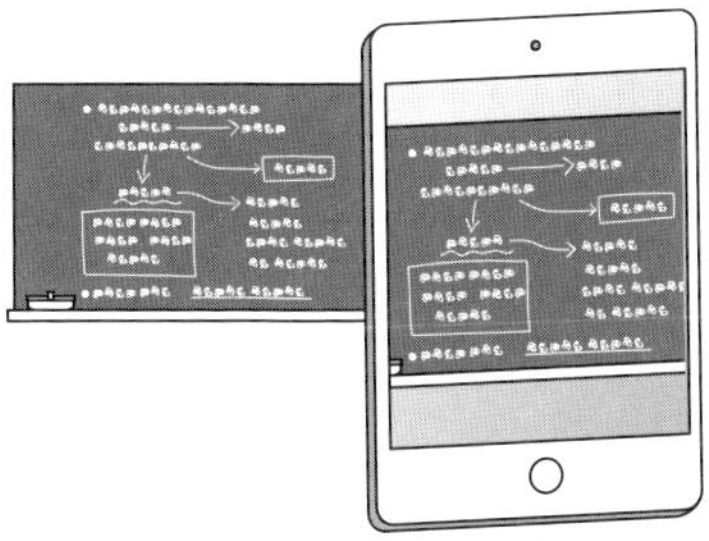

板書を撮影《さつえい》して手元で見ながら書くこともできる！

漢字の筆順《ひつじゅん》をアニメーションで確認《かくにん》できるアプリもあります。

書きやすい筆記具

力を入れなくても書きやすいペンや消しやすい消しゴムなど、自分に合った筆記具を探《さが》してみましょう。

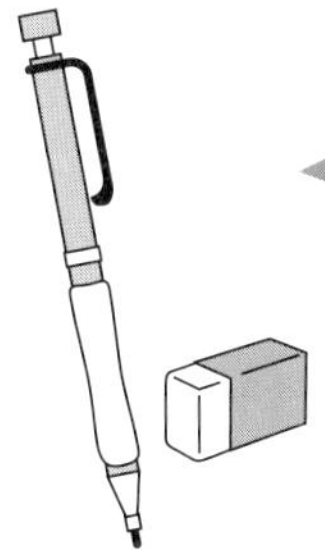

ユニバーサルデザインのノート

書きやすいように罫線《けいせん》の濃《こ》さや太さがくふうされたノートがあります。また、薄《うす》い緑色など白以外《いがい》の紙のノートもありますので、自分が書きやすいと思うものを見つけてみましょう。

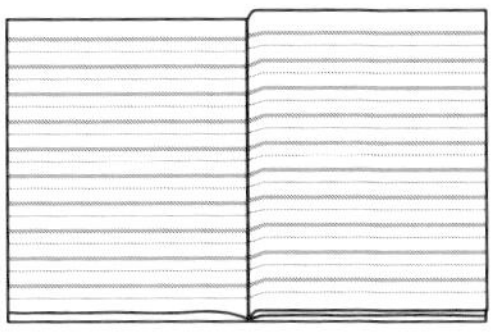

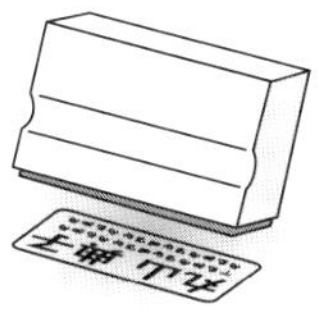

音声入力

マイクに向かって話した内容《ないよう》を文字に変換《へんかん》して表示《ひょうじ》することができます。

シールやスタンプ

よく書くもの（名前や住所）はシールやスタンプを作っておき、押《お》すだけ（貼《は》るだけ）にしておくのもよいでしょう。

●先生向け

学校でできるサポート

〈漢字を書くことが苦手な場合〉

・プリントに手本を書いたり、画数の多い漢字はなぞり書きにしたりする。

〈解答欄に書くことが苦手な場合〉

・解答欄を大きくして書きやすくする。

・記述式ではなく選択式にして、記号などで解答できるようにする。

・付せんに解答の選択肢をいくつか書いておき、生徒が付せんを選んで解答欄に貼って答えられるようにする。

〈メモを取るのが苦手な場合〉

・授業の要点や大事な連絡はあとで見返せるようにプリントやメモで渡す。

〈ノートを取るのが苦手な場合〉

・板書の写真や、使用したスライド資料などを渡す。

目次

はじめに…1
本書の使い方…2
この本で一緒に学ぶ　友達紹介…3
あなたの読み書きスキルをチェック！
読み書きバランスシート…4
読み書きのバランスを見てみよう
あなたはどれに当てはまる？…5
読み書き　サポートの例…6

第1章　言葉のきまり……10
1 言葉の意味…12
2 「主語」「述語」…14
3 「名詞」…16
4 「動詞」…18
5 「形容詞」…20
6 「形容動詞」…22
7 「接続詞」…24
8 敬語…26
9 熟語・四字熟語…28

第2章　文章読解……30
1 自分の「読みやすさ」を考える…32
2 文章の中の「符号」…34
3 「漢字」を読む…36
4 一文の読み取り…38
5 説明的文章を読む①…40
6 説明的文章を読む②「琵琶湖」「コミュニケーションとは」…42
7 説明的文章を読む③「多様性について考えよう」…44
8 説明的文章を読む④「AIとどう付き合うか」…46
9 文学的文章を読む①「フツウの声」「ポップコーン」…48
10 文学的文章を読む②「ごんぎつね」「セロ弾きのゴーシュ」…50
11 文学的文章を読む③「坊ちゃん」「杜子春」…52
12 古文を読む①「竹取物語」…54
13 古文を読む②「枕草子」「徒然草」…56
14 古文を読む③「おくの細道」「百人一首」…58

第3章　生活の中の文章読解……60
1　「黒板」の読み取り…62
2　「掲示物」の読み取り…64
3　「お知らせ文」の読み取り…66
4　「メール」「手紙」の読み取り…68
5　「ラジオ番組」「気象情報」の読み取り…70
6　「メニュー」の読み取り…72
7　「表」の読み取り（数字）…74
8　「ごみの分別表」の読み取り…76
9　「保証書」「説明書」の読み取り…78

第4章　英語……80
1　数字・月と曜日…82
2　色・食べ物…84
3　挨拶・自己紹介…86
4　文章を読む…88

【読み方カード】を作りましょう…90
【言葉リスト】を作りましょう…91
解答…92

第1章 言葉のきまり

「文法《ぶんぽう》」って覚《おぼ》えることがたくさんあって、難《むずか》しいよね。
ぼくたち、日本語ネイティブなのに、不思議《ふしぎ》だよね？
文法《ぶんぽう》とは、言葉や文のきまりのことです。基礎《きそ》をおさえておくと、文章が読みやすくなりますよ。

「いま」をチェック

- □文字や文を読むことが好《す》きだ
- □「名詞《めいし》」を、すぐに十個《こ》言うことができる
- □「動詞《どうし》」を、すぐに十個《こ》言うことができる
- □メールや作文は、文法的《ぶんぽうてき》に正しい表現《ひょうげん》になるよう気をつけている

【先生・保護者の方へ】

話すことが好きな生徒でも、実際に使っている言葉の意味を深く理解していないことがあります。また伝えたいことがあっても、文にして組み立てて説明することが苦手な生徒もいます。この章では、中学生までに習う文法のごく一部を扱います。言葉や文には「きまり」（文法）があることを理解する第一歩としてください。

指導・支援のポイント

○日常的によく使う言葉でも、あえて意味を確認してみる
○文のきまりを、一つずつ具体的に教える
○実際に自分の言葉で文を作る練習をする

【言葉の単位《たんい》】

文字：言葉を表す記号。

い・ぬ・が・あ・る・く

単語《たんご》：一つのまとまりのある言葉。言葉の最《さい》小単位《しょうたんい》。

いぬ・が・あるく

文節《ぶんせつ》：意味が通じる単位《たんい》で区切ったもの。文を読むときの基本《きほん》の単位《たんい》。

いぬが・あるく

文：まとまった意味を表す一つの文。終わりに「句点《くてん》（。）」がつく。

いぬが／あるく。

文章：一つのテーマに沿《そ》って書かれた文のまとまり。

チャレンジ

声に出して読むことを「音読」といいます。区切り方に気をつけて、できるだけはっきり音読しましょう。

① 一文字ずつ区切って、読みましょう。

に・ほ・ん・ご・の・べ・ん・き・ょ・う・は・た・の・し・い。

② 単語《たんご》で区切って読みましょう。

にほんご・の・べんきょう・は・たのしい。

③ 文節《ぶんせつ》で区切って読みましょう。

にほんごの／べんきょうは／たのしい。

↓

文を読むときに大事な最小《さいしょう》単位《たんい》です。

④ 文で読みましょう。

日本語の勉強は、楽しい。

声に出して読むことで一文字ずつ意識《いしき》して読めますよ。ふだんの学習にも取り入れてみましょう。

1 言葉の意味

生活の中にはたくさんの言葉があります。身近な言葉の意味を考えて、下のワークに取り組みましょう。

○学校でよく使う言葉①～⑫を声に出して読みましょう。意味を説明《せつめい》できたら□に○を書きましょう。

① 登校 □
② 挨拶《あいさつ》 □
③ 遅刻《ちこく》 □
④ 出席《しゅっせき》 □
⑤ 早退《そうたい》 □
⑥ 起立《きりつ》 □
⑦ 受験《じゅけん》 □
⑧ 試験《しけん》 □
⑨ 当番 □
⑩ 日課《にっか》 □
⑪ 提出《ていしゅつ》 □
⑫ 行事 □

ワーク1

説明《せつめい》が難《むずか》しかった言葉の意味を調べて読みましょう。

言葉		
意味		

ワーク2

学校の教室にあるものを書いて読みましょう（漢字・ひらがな・カタカナ、いずれでもよいです）。

机《つくえ》、黒板、

年　　月　　日

○言葉はいろいろな「仲間《なかま》」に分けられます。①〜⑧を読んで、仲間《なかま》の言葉を言ってみましょう。
〈例《れい》〉文房具《ぶんぼうぐ》→えんぴつ・消しゴム・ボールペン　など

① 動物
② 魚
③ 乗り物
④ 果物《くだもの》
⑤ 楽器《がっき》
⑥ 鳥
⑦ 調味料《ちょうみりょう》
⑧ 家具

ゲームやアニメの仲間《なかま》なら、たくさん言えるよ。

ワーク3
①〜⑧の仲間《なかま》に入る言葉を三つずつ書いて、読みましょう。

① 動物	③ 乗り物	⑤ 楽器《がっき》	⑦ 調味料《ちょうみりょう》
② 魚	④ 果物《くだもの》	⑥ 鳥	⑧ 家具

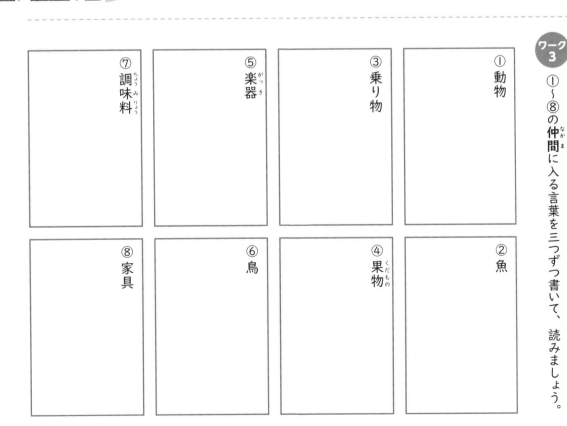

2 「主語」「述語」

文の基本《きほん》である「主語」＋「述語《じゅつご》」の三つの組み立てを覚《おぼ》えて、下のワークに取り組みましょう。

主語とは？

「何（誰《だれ》）が」「何（誰《だれ》）は」を示《しめ》す。

述語《じゅつご》とは？

「どうする（どうした）」「どんなだ」「何だ」を示《しめ》す。

○ 何が（は）（主語）＋「どうする」（述語《じゅつご》）の文を読みましょう。

犬が　走る。

弟は　来る。

先生が　話す。

「どうする」は、動きを表します。

ワーク1 次の文を声に出して読んで、**主語**を□でかこみ、**述語《じゅつご》**の横に線を引きましょう。

① 花が　咲《さ》く。

② 電車が　走る。

③ わたしが　話す。

ワーク2 □に言葉を入れて、「何（誰《だれ》）が（は）－どうする」の文を作って、読みましょう。

① ねこが　［どうする　　　　］。

② ［何が（は）　　　　］飛《と》ぶ。

③ ［何が（は）　　　　］［どうする　　　　］。

年　月　日

○ 何が（は）＋「どんなだ」の文を読みましょう。

主語　述語《じゅつご》

花が　美しい。

明日は　忙《いそが》しい。

ラーメンは　おいしい。

「どんなだ」は、様子を表します。

○ 何が（は）＋「何だ」の文を読みましょう。

主語　述語《じゅつご》

ほうれん草は　野菜《やさい》だ。

生徒《せいと》が　主役だ。

わたしは　高校生だ。

「何だ」は、ものの名前を表します。

ワーク3

□に言葉を入れて「何（誰《だれ》）が（は）＋どんなだ」、「何（誰《だれ》）は（が）＋何だ」の文を作って、読みましょう。

何（誰《だれ》）が（は）＋どんなだ

① 先生は［どんなだ］。

② ［何が（は）］楽しい。

③ ［何が（は）］［どんなだ］。

何が（は）＋何だ

④ みかんは［何だ］。

⑤ ［何が（は）］昆虫《こんちゅう》だ。

⑥ わたしは［何だ］。

3 「名詞」

名詞《めいし》の仲間《なかま》である「普通名詞《ふつうめいし》」「固有名詞《こゆうめいし》」「数詞《すうし》」を覚《おぼ》えて、下のワークに取り組みましょう。

名詞《めいし》とは？

ものや人の名前、数を表す単語《たんご》のこと。

「が（は）」をつけて、「主語」になります。

❶ **普通名詞《ふつうめいし》** ↓一般的《いっぱんてき》なもの・ものごとを表す。

学校　勉強　宿題　試験《しけん》
りんご　犬　花
電車　ぼうし　空
友達《ともだち》　先生　仲間《なかま》

身のまわりのすべてのものに「名前」があるね！

ワーク1 身近な名詞《めいし》（普通名詞《ふつうめいし》）をたくさん書いて、読みましょう。

① 「食べ物」に関係《かんけい》する名詞《めいし》（米・味噌汁《みそしる》など）

② 「自然《しぜん》」に関係《かんけい》する名詞《めいし》（雨・風など）

③ 「学校」に関係《かんけい》する名詞《めいし》（教科書・宿題など）

年　月　日

❷ 固有名詞《こゆうめいし》
↓人名や地名など、そのものだけを表す。

人の名前　夏目漱石《そうせき》　野口英世《のぐちひでよ》

地名・国名　東京　アメリカ　富士山《ふじさん》

特定《とくてい》の製品《せいひん》、出来事なども固有名詞《こゆうめいし》です。

❸ 数詞《すうし》
↓数とあわせて「人」「個《こ》」「番目」など、数や量《りょう》、順番《じゅんばん》などを表す。

一人　二個《こ》　三本　四番目　五位《い》

六時間　七匹《ひき》　八冊《さつ》　九杯《はい》　十枚《まい》

アニメのタイトルや登場人物は固有名詞《こゆうめいし》！

ワーク2 固有名詞《こゆうめいし》をたくさん書いて読みましょう。

ワーク3 数詞《すうし》「枚《まい》」「冊《さつ》」で数えるものを考えて書きましょう。

（枚《まい》）

（冊《さつ》）

ワーク4 次のものは何と数えますか？　数詞《すうし》をつけて、読みましょう。

① 豆腐《とうふ》が　一（　　）。
② 家が　二（　　）。
③ くつ下が　三（　　）。
④ ゾウが　四（　　）。
⑤ 椅子《いす》が　五（　　）。

4 「動詞」

動作や状態《じょうたい》を表す「動詞《どうし》」を覚《おぼ》えて、下のワークに取り組みましょう。

動詞《どうし》とは？

「歩く」「食べる」のように、動作や状態《じょうたい》を表す言葉。

「歩く」→「歩かない」のように、文の中で変化《へんか》します。

「何が＋どうする」の「述語《じゅつご》」になります。

○動詞《どうし》を読みましょう。

走る　飛《と》ぶ　学ぶ

読む　書く　作る

笑《わら》う　話す　生きる

言い切り（最後《さいご》の音）がウ段《だん》の音で終わります。

ワーク1　次の文の動詞《どうし》を□でかこんで、読みましょう。

① 妹が　制服《せいふく》を　着る。

② 運動会で　兄が　走る。

③ 母が　会社で　働《はたら》く。

④ わたしは　祖母《そぼ》に　手紙を　書く。

⑤ 祖母《そぼ》が　わたしの　手紙を　読む。

ワーク2　あなたの今日《きょう》の行動を振《ふ》り返って、動詞《どうし》をたくさん書いて、読みましょう。

〈例《れい》〉起きる　食べる　たたむ……

年　月　日

【動詞《どうし》の使い方】

○文の中でどのように用いられるかによって、変化《へんか》します。動詞《どうし》の使い方に気をつけて文を読みましょう。

読む　の例《れい》

❶まだ　読まない。（まだ〜しない）
❷これから　読みます。（〜ます）
❸わたしが　読む。（言い切る）
❹読むことは　楽しい。（〜こと）
❺読めば　わかる。（もし〜すれば）
❻気をつけて　読め。（〜しなさい）

ワーク3　「読む」の例《れい》と同じように、「話す」を変化《へんか》させて書き入れ、読みましょう。

話す

①このことはまだ（　　　　）。（まだ〜しない）
②わたしからみんなに（　　　　）。（〜ます）
③先生が朝の会で（　　　　）。（言い切る）
④人前で（　　　　）は得意《とくい》だ。（〜こと）
⑤くわしく（　　　　）わかりやすい。（もし〜すれば）
⑥もっとゆっくり（　　　　）。（〜しなさい）

5 「形容詞」

様子や性質《せいしつ》を表す「形容詞《けいようし》」を覚《おぼ》えて、下のワークに取り組みましょう。

形容詞《けいようし》とは？

「楽しい」「美しい」のように、様子や性質《せいしつ》を表す言葉。
「楽しい」→「楽しくない」のように、文の中で変化《へんか》します。

ほかの言葉をくわしくし、「何が＋どんなだ」の「述語《じゅつご》」になります。

○形容詞《けいようし》を読みましょう。

早い　太い　やわらかい
高い　強い　おもしろい
暑い　丸い　うれしい

言い切り（最後《さいご》の音）がイ段《だん》の音で終わります。

ワーク1 次の文の形容詞《けいようし》を□でかこんで、読みましょう。

① 新幹線《しんかんせん》は　速い。
② 田中先生は　やさしい。
③ 黒い　熊が　歩く。
④ うれしい　ニュースが　届《とど》いた。

ワーク2 次の言葉に続く形容詞《けいようし》を考えて書きましょう。

〈例《れい》〉姉は　強い。／桜《さくら》は　美しい。

勉強は［　　　　］。
学校は［　　　　］。

ワーク3 ほかにも形容詞《けいようし》を書いて、読みましょう。

〈例《れい》〉新しい・遠い・高い・赤いなど

［　　　　］

年　月　日

【形容詞《けいようし》の使い方】

○文の中でどのように用いられるかによって、変化《へんか》します。形容《けいよう》詞《し》の使い方に気をつけて文を読みましょう。

大きい の例《れい》

❶ さぞ　大きかろう。（～ろう）
❷ とても　大きかった。（～だった）
❸ だんだん　大きくなる。（～なる）
❹ とても　大きい。（言い切る）
❺ 大きいので　読みやすい。（～ので）
❻ 大きければ　うれしい。（もし～ければ）

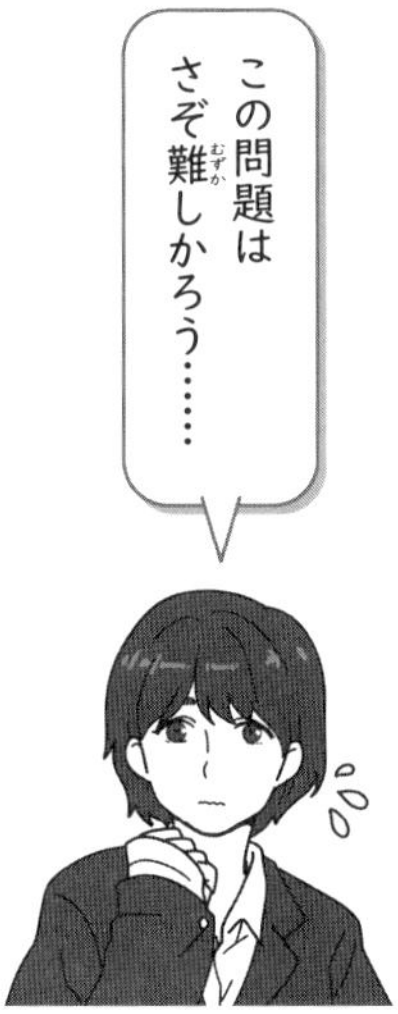

ワーク4 「大きい」の変化《へんか》と同じように、「楽しい」を変化《へんか》させて書き入れ、読みましょう。

楽しい

① 遠足は　さぞ（　　　　）。（～ろう）
② 旅行《りょこう》がとても（　　　　）。（～だった）
③ 勉強が（　　　　）。（～なる）
④ この映画《えいが》は（　　　　）。（言い切る）
⑤ 学校が（　　　　）休みたくない。（～ので）
⑥ もし部活が（　　　　）続けたい。（もし～ければ）

ワーク5 形容詞《けいようし》「寒い」を変化《へんか》させて文を作り、読みましょう。

〈例《れい》〉だんだん寒くなる。／もし寒ければ暖房《だんぼう》をつけます。

6 「形容動詞」

性質《せいしつ》や状態《じょうたい》を表す「形容動詞《けいようどうし》」を覚《おぼ》えて、下のワークに取り組みましょう。

形容動詞《けいようどうし》とは？

「元気だ」「便利《べんり》だ」など、性質《せいしつ》や状態《じょうたい》を表す言葉。形容詞《けいようし》と似《に》ていますが「～だ」で終《お》わり、文の中で変化《へんか》します。

「何が＋どんなだ」の文の「述語《じゅつご》」になります。

○形容動詞《けいようどうし》を読みましょう。

さわやかだ　きれいだ

立派《りっぱ》だ　にぎやかだ

幸せだ　誠実《せいじつ》だ　素直《すなお》だ

言い切り（最後《さいご》の音）が「～だ」で終わります。

ワーク1 次の文の形容動詞《けいようどうし》を□でかこんで読みましょう。

① 新幹線《しんかんせん》は　便利《べんり》だ。

② 田中先生は　親切だ。

③ バスは　安全だ。

④ 景色《けしき》が　きれいだ。

⑤ 彼女《かのじょ》は　積極的《せっきょくてき》だ。

ワーク2 次の形容動詞《けいようどうし》で終わる文を作って、読みましょう。

静《しず》かだ。

満足《まんぞく》だ。

※「ぼくは中学生だ」などは様子や状態《じょうたい》を表していないので形容動詞《けいようどうし》ではありません。

年　月　日

【形容動詞《けいようどうし》の使い方】

○文の中でどのように用いられるかによって変化《へんか》します。形容動《けいようどう》詞《し》の使い方に気をつけて文を読みましょう。

幸せだ の例《れい》

❶兄は　幸せだろう。(〜だろう)
❷みんなは　幸せだった。(〜だった)
❸彼《かれ》は　幸せでない。(〜ない)
❹あの人は　幸せになる。(〜なる)
❺わたしは　幸せだ。(言い切る)
❻幸せなときが　続《つづ》く。(〜とき)
❼祖母が　幸せならば　いい。(〜ならば)

この問題は、簡単《かんたん》だろう、簡単《かんたん》だった、簡単《かんたん》である……

ワーク3　「幸せだ」の変化《へんか》と同じように、「元気だ」を変化《へんか》させて書き入れ、読みましょう。

元気だ

①兄は明日も（　　　）。(〜だろう)
②みんなは（　　　）。(〜だった)
③彼《かれ》は（　　　）ない。(〜ない)
④犬が（　　　）なる。(〜なる)
⑤あの人は（　　　）。(言い切る)
⑥祖母が（　　　）に会えた。(〜とき)
⑦もし（　　　）出かけたい。(〜ならば)

ワーク4　形容動詞《けいようどうし》「新鮮《しんせん》だ」を変化《へんか》させて文を作って、読みましょう。

〈例《れい》〉新鮮《しんせん》だ→この野菜は新鮮《しんせん》だろう。／もっと新鮮《しんせん》ならばよかったのに。

7 「接続詞」

文と文をつなぐ「接続詞《せつぞくし》」を覚《おぼ》えて、下のワークに取り組みましょう。

接続詞《せつぞくし》とは？

「それで」「しかし」など、文節《ぶんせつ》と文節《ぶんせつ》、文と文をつなぐ言葉です。前後の文節《ぶんせつ》・文の関係《かんけい》を表します。

○「接続詞《せつぞくし》」のはたらきを考えて読みましょう。

雨が降《ふ》りそうだ。

接続詞	続く文	はたらき
だから	傘《かさ》を持った。	当然《とうぜん》の結果《けっか》（順接《じゅんせつ》）
しかし	傘《かさ》は持っていない。	反対の結果《けっか》（逆接《ぎゃくせつ》）
なぜなら	空気がしめっているからだ。	理由・説明《せつめい》
または	雪になるかもしれない。	対等な関係《かんけい》（並列《へいれつ》）

ワーク1 接続詞《せつぞくし》に続く文を書き入れて、読みましょう。

① ぼくはとてもおなかがすいた。

それで

けれども

② わたしはとても眠《ねむ》くなってきた。

だから

ところが

③ 台風が近づいてきたようだ。

そこで

しかし

年　月　日

【接続詞《せつぞくし》の使い方】

○次の文の（　）に入る接続詞《せつぞくし》を□から選《えら》んで書き入れ、読みましょう。

もうすぐ修学《しゅうがく》旅行だ。（①　　）わたしは何となく不安《ふあん》だ。（②　　）同じ班《はん》の友達《ともだち》はあまり話したことのない人ばかりだからだ。

（③　　）思い切ってとなりの席《せき》のさくらさんに相談してみた。（④　　）さくらさんは笑《わら》いながらこう言った。

「知らなかった？　わたしも同じ班《はん》だよ」

そこで・なぜなら・でも・すると

ワーク2　接続詞《せつぞくし》に続く文を作って、読みましょう。

① わたしはとてもうれしかった。

なぜなら

② コーヒーにしますか？

それとも

ワーク3　教科書や学校の掲示物《けいじぶつ》から「接続詞《せつぞくし》」を探《さが》して書きましょう。

8 敬語

敬語《けいご》の種類《しゅるい》と使い方を覚《おぼ》えて、下のワークに取り組みましょう。

敬語《けいご》とは？

相手に敬意《けいい》を示す言葉です。尊敬《そんけい》の気持ちやていねいな気持ちを表します。

❶ 尊敬語《そんけいご》 →相手の動作、所有物を高めて、相手に敬意《けいい》を表す。

❷ 謙譲語《けんじょうご》 →自分や身内に対して、へりくだり、相手への敬意《けいい》を表す。

○敬語《けいご》に気をつけて文を読みましょう。

お客様が、おっしゃる。　尊敬語《そんけいご》

わたしが、申《もう》し上げる。　謙譲語《けんじょうご》

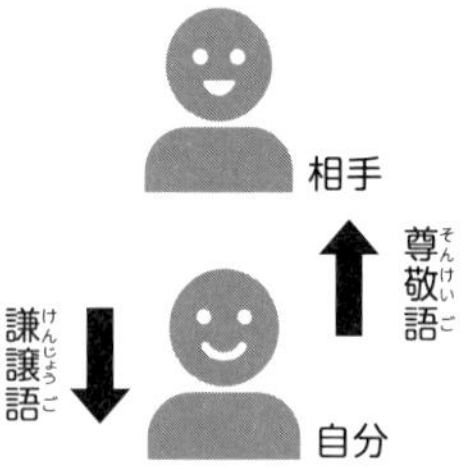

ワーク1 次の言葉を、尊敬語《そんけいご》にして、読みましょう。

① 言う →（　　）

② 行く →（　　）

③ 食べる →（　　）

④ 見る →（　　）

ワーク2 ①～⑤の（　）に入る尊敬語《そんけいご》もしくは謙譲語《けんじょうご》を□から選《えら》んで書き、読みましょう。

① 校長先生が給食を（　　）。

② わたしから先輩《せんぱい》のところへ（　　）。

③ 父から先生にお礼《れい》を（　　）。

④ 校長先生の写真を（　　）。

⑤ 先生は明日九時に（　　）。

申《もう》し上げる　拝見《はいけん》する　伺《うかが》う
召《め》し上がる　いらっしゃる

年　月　日

❸ 丁寧語《ていねいご》

↓ていねいに話したり書いたりするときに使う言葉。文末《ぶんまつ》に「です」「ます」などをつけて、相手への敬意《けいい》を表します。

○丁寧語《ていねいご》を読みましょう。

「おはよう」　↓「おはようございます」
「ここが学校だ」　↓「こちらが学校です」
「申し訳ない」　↓「申し訳ございません」
「雨が降《ふ》っている」　↓「雨が降《ふ》っています」

❹ 美化語

↓「お」「ご」などをつけてていねいに伝《つた》える言い方。

○美化語にして読みましょう。

花↓（　お花　）　茶↓（　お茶　）
挨拶《あいさつ》↓（　ご挨拶《あいさつ》　）　結婚《けっこん》↓（　ご結婚《けっこん》　）
手紙↓（　お手紙　）　飯《めし》↓（　ご飯《はん》　）

ワーク3 敬語《けいご》（尊敬語《そんけいご》、謙譲語《けんじょうご》、丁寧語《ていねいご》、美化語のいずれか）を使って次の文をていねいな表現《ひょうげん》に直して読みましょう。

① あっちにいるのは、だれ？
② 校長先生、ここに座《すわ》って。
③ これ、先生の本？
④ 先輩《せんぱい》、弁当《べんとう》、食った？
⑤ 校長先生に、花をあげる。

ワーク4 次の言葉を使う文を作って、読みましょう。

「ご連絡《れんらく》」

「お料理」

ワーク5 あなたはふだん、どんな場所でどんな人に敬語《けいご》を使っていますか？

9 熟語・四字熟語

熟語《じゅくご》の意味や構成《こうせい》を考えて読み、下のワークに取り組みましょう。

熟語《じゅくご》とは？

二つ以上の漢字が結《むす》びついてできた語のこと。

❶ 二字熟語《じゅくご》 → 二つの漢字が結《むす》びついてできた語。

○二字熟語《じゅくご》の構成《こうせい》（組み立て）に注目して、読みましょう。

【反対の意味】

上下　終始　前後　売買

【似《に》た意味】

河川《かせん》　算数　自己《じこ》　増加《ぞうか》

※「上の漢字が下の漢字を説明《せつめい》するもの」（赤飯《せきはん》→赤い飯《めし》）、「下の漢字が上の漢字の目的《もくてき》になるもの」（乗車→車に乗る）などもあります。

ワーク1 上下が反対の意味になる二字熟語《じゅくご》を書いて、読みましょう。

① 左　② 白　③ 勝
④ 短　⑤ 暗　⑥ 復《ふく》

ワーク2 上下が似《に》た意味になる二字熟語《じゅくご》を書いて、読みましょう。

① 減《げん しょう》　② 開《かい し》　③ 絵《かい が》
④ 食《いん しょく》　⑤ 答《おう とう》　⑥ 久《えい きゅう》

〈ヒント〉飲・永・始・少・画・応

ワーク3 知っている二字熟語《じゅくご》と意味を書いて、読みましょう。

〈例《れい》〉黒板→黒い板

意味

年　　月　　日

❷ 四字熟語《じゅくご》

↓漢字四字からなる熟語《じゅくご》。

○□から漢数字を選《えら》んで書き入れ、四字熟語《じゅくご》を読みましょう。

（　）期《ご》（　）会《え》 ↓ 一生に一度の機会《きかい》であるということ。

（　）石《せき》（　）鳥《ちょう》 ↓ 一つのことをして二つの利益《りえき》を得《え》ること。

（　）人《にん》（　）色《いろ》 ↓ 人にはそれぞれ個性《こせい》や好《この》みがあるということ。

（　）苦《く》（　）苦《く》 ↓ とても苦労《くろう》すること。

唯《ゆい》（　）無《む》（　） ↓ たった一つで、二つとないこと。

一・二・四・八・十（何回使ってもよいです）

ワーク4 四字熟語《じゅくご》を読んで、意味を言いましょう。

① 以心伝心《いしんでんしん》（　）
② 異口同音《いくどうおん》（　）
③ 喜怒哀楽《きどあいらく》（　）
④ 初志貫徹《しょしかんてつ》（　）
⑤ 心機一転《しんきいってん》（　）
⑥ 誠心誠意《せいしんせいい》（　）
⑦ 馬耳東風《ばじとうふう》（　）
⑧ 大器晩成《たいきばんせい》（　）

意味がわかったものに◎を書きましょう。

ワーク5 知っている四字熟語《じゅくご》とその意味を書いて、読みましょう。

意味

意味

第2章 文章読解

長い文章は読んでいるうちにわからなくなる……。
ぼくは「筆者」でも「登場人物」でもないのに、その気持ちはどうやってわかるの？
ふふふ。読解《どっかい》問題の答えは、必《かなら》ず文章の中にありますよ。読めば、わかる！そのコツをつかんでね。

☑「いま」をチェック

□本を読むことが好《す》きだ

□日本の代表的《だいひょうてき》な作家の名前を三人言うことができる

□「説明文《せつめいぶん》」や「論説文《ろんせつぶん》」から正確《せいかく》な内容《ないよう》を読み取ることができる

□「物語」や「小説《しょうせつ》」から登場人物の気持ちを読み取ることができる

【先生・保護者の方へ】

文字や文章を読むことが苦手な生徒にとって、文章読解はとても労力を必要とする課題です。読む前にあきらめてしまう生徒も多いでしょう。この章では「読み」の基本と、説明的文章、文学的文章、古文などの読解に取り組みます。まず負担なく音読できるようにし、問題の答えは必ず本文の中にあることに気づけるようにします。「わかった！」「おもしろい！」と感じる体験を積み重ねられるように支援しましょう。

指導・支援のポイント

○文字の大きさなど本人の「読みやすさ」「読みにくさ」を確認する
○漢字にルビをふる、段落ごとに読むなど、読みの負担を軽減する
○読む前にあらすじを伝えたり、設問の意味を説明したりする
○設問の答えに該当する箇所やキーワードに線を引くなど手がかりを多くする

【文章の種類《しゅるい》】

説明的文章《せつめいてきぶんしょう》

❶**説明文《せつめいぶん》**：ある事柄《ことがら》についてわかりやすく説明《せつめい》した文章。

❷**論説文《ろんせつぶん》**：ある事柄《ことがら》について筆者の意見を述《の》べた文章。

「筆者」とは、文章を書いた人のことです。

文学的文章《ぶんがくてきぶんしょう》

❶**小説《しょうせつ》**：作者が作り上げたお話、物語。

❷**随筆《ずいひつ》**：筆者が体験《たいけん》したことや感じたことを表現《ひょうげん》した文章。

❸**詩**：作者の心情《しんじょう》を独自《どくじ》の言葉で表した比較的《ひかくてき》短い文章。

「作者」とは、小説《しょうせつ》や詩を書いた人のことで、小説《しょうせつ》に登場する人のことを登場人物といいます。

チャレンジ

「読解《どっかい》」とは、文章を読み取って理解《りかい》することです。次の文章を音読して、あとの問題に答えましょう。

来週の月曜日から木曜日までは、期末《きまつ》テストです。テスト期間は登校時間がいつもより十分早まり八時十分になりますので、遅《おく》れないようにしてください。

① いつ、何がありますか。

いつ：

何がある：

② 登校時間についての注意事項《じこう》は何ですか。

まず、声に出して読みましょう。問題の答えは必《かなら》ず文章の中にかくれていますよ。

1 自分の「読みやすさ」を考える

文字や文章が読みにくいと感じたことはありますか。「読みやすさ」について考え、下のワークに取り組みましょう。

【文字の大きさ】

○次の文を読んで、読みやすい文字の大きさについて考えましょう。

※ワープロソフトでは文字のサイズはポイント（pt）で表します。

気持ちのよい挨拶《あいさつ》をしましょう。 20pt

気持ちのよい挨拶《あいさつ》をしましょう。 14pt

気持ちのよい挨拶《あいさつ》をしましょう。 8pt

○右の文をあなたが読みやすい大きさの文字で書いてみましょう。

ワーク1 書体にもいろいろな種類《しゅるい》があります。あなたが読みやすい書体を探《さが》してみましょう。

・游明朝《ゆうみんちょう》 読み書き

・游《ゆう》ゴシック 読み書き

・UDデジタル教科書体 読み書き

・メイリオ 読み書き

ワーク2 教科書や新聞の文字を見て、「読みやすい」大きさのものを探《さが》してみましょう。

ワーク3 誰《だれ》もが使いやすい「ユニバーサルデザイン（UD）」について調べてみましょう。

年　月　日

【縦書《たて》きと横書き】

○次の文章を音読して、どちらが読みやすいか考えましょう。

縦書《たて》き

SNSは、インターネットを使ったコミュニケーションサービスです。誰《だれ》とでも気軽にやりとりができ、写真や動画なども簡単《かんたん》に投稿《とうこう》できて便利《べんり》な一方で、危険《きけん》な側面《そくめん》もあります。安全な使い方を考えてみましょう。

横書き

SNSは、インターネットを使ったコミュニケーションサービスです。誰《だれ》とでも気軽にやりとりができ、写真や動画なども簡単《かんたん》に投稿《とうこう》できて便利《べんり》な一方で、危険《きけん》な側面《そくめん》もあります。安全な使い方を考えてみましょう。

ワーク4 学校生活の中で文章を「**読むことが大変《たいへん》**」「**読むのにとても時間がかかる**」と感じることはありませんか？　次のうち少し困《こま》っていることがあれば相談してみましょう。

（　）教科書を読むこと

（　）黒板の文字、内容《ないよう》を読むこと

（　）テストやプリントの文章を読むこと

（　）その他→（　　　　　　　　）

ワーク5 学校生活の中で受けることができる読み書きの「*合理的《ごうりてき》配慮《はいりょ》」について調べてみましょう。

*合理的配慮《ごうりてきはいりょ》：一人ひとりの困難《こんなん》さに対して個別《こべつ》に調整《ちょうせい》すること。

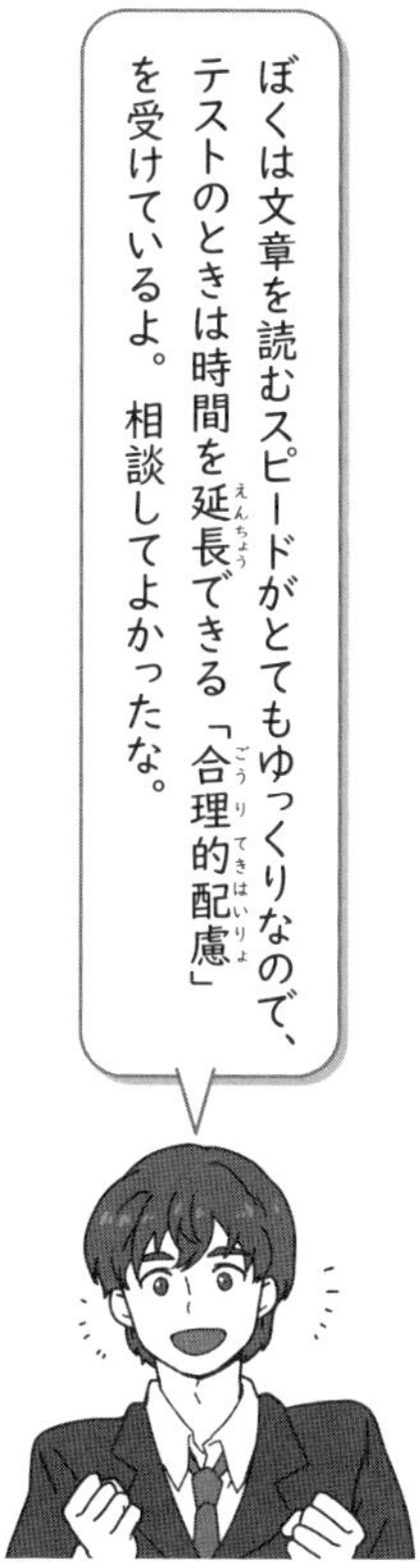
ぼくは文章を読むスピードがとてもゆっくりなので、テストのときは時間を延長《えんちょう》できる「合理的配慮《ごうりてきはいりょ》」を受けているよ。相談してよかったな。

2 文章の中の「符号」

文章の中の「句読点《くとうてん》」「かぎかっこ」などの符号《ふごう》を覚《おぼ》えて、下のワークに取り組みましょう。

【句読点《くとうてん》・かぎかっこ】

、　**読点（とうてん）**　文の中の、意味の切れ目につけます。読むときには、**息継《いきつ》ぎをしましょう。**

。　**句点（くてん）**　文の終わりにつけます。読むときには、**少し間をあけましょう。**

「」　**かぎかっこ**　会話や強調する部分などにつけます。読むときには、**会話をしているように読みましょう。**

○句読点《くとうてん》・かぎかっこに気をつけて、音読しましょう。

高橋《たかはし》先生は急いで走ってきて、わたしに声をかけてくれました。
「よくがんばったね」
わたしはとてもうれしかったのに、すぐに言葉が出てきませんでした。

ワーク1 次の文①②を読んで、意味の違《ちが》いを言いましょう。

① ここで、はきものをぬいでください。
② ここでは、きものをぬいでください。

ワーク2 次の文章に句読点《くとうてん》（。、）やかぎかっこ（「」）を書き入れ、音読しましょう。

① 天気予報《よほう》です　明日は全国的《ぜんこくてき》によい天気であたたかい一日になるでしょう　日中は汗《あせ》ばむ陽気《ようき》になりますが　夕方から気温が下がってきます

② むかしむかしあるところに　よく働《はたら》くおじいさんとおばあさんがいました　ある夜のことです　一人の旅人がたずねてきて
おなかがすいて立っていることもできません　今晩《こんばん》一晩《ひとばん》だけ泊《と》めていただけないでしょうか
と言いました

ワーク3 句読点《くとうてん》（。、）やかぎかっこ（「」）に気をつけて、国語の教科書を音読してみましょう。

年　月　日

【二重かぎかっこ・かっこ】

『』 **二重かぎっこ**

「」（かぎかっこ）の中で、さらに「」を使いたいところにつけます。また、本や映《えい》画《が》などのタイトルにも使います。

（） **かっこ**

説明《せつめい》したり補《おぎな》ったりする言葉や、思ったことなどにつけます。

【感嘆符《かんたんふ》・疑問符《ぎもんふ》】

！ **感嘆符《かんたんふ》**

驚《おどろ》きや感動を表すとき、文末《ぶんまつ》につけます。

？ **疑問符《ぎもんふ》**

疑問《ぎもん》や問いかけを表すとき、文末《ぶんまつ》につけます。

○感嘆符《かんたんふ》・疑問符《ぎもんふ》に気をつけて、音読しましょう。

「なんということだ！　すばらしい！」

「なに？　それは本当ですか？」

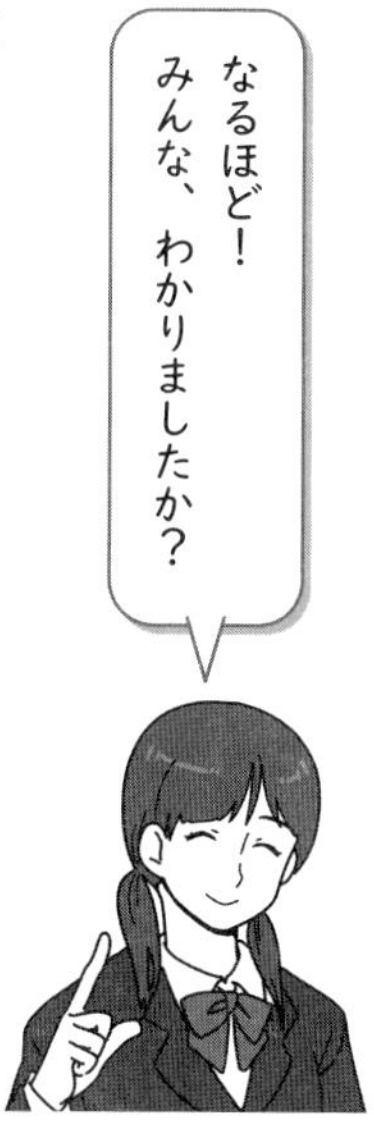

ワーク4 次の文中の「」『』に気をつけて音読し、それぞれ誰《だれ》の言葉なのか答えましょう。

わたしは先日、兄とゆっくり話をしました。「お母さんがいつも『うちはきょうだい仲《なか》がいいから幸せだ』って言っているよ」兄がそう言うので、わたしもうれしくなりました。

①「」（　　　）　②『』（　　　）

ワーク5 「！」（感嘆符《かんたんふ》）や「？」（疑問符《ぎもんふ》）がつく文を作って、読みましょう。

！

？

ワーク6 教科書や学校の掲示物《けいじぶつ》から「！」「？」を探《さが》してみましょう。

3 「漢字」を読む

文章の中に読めない漢字があったらどうしますか。漢字の読み方を確《かく》認《にん》し、下のワークに取り組みましょう。

【音読みと訓《くん》読み】

音読み 中国から伝《つた》わった読み方

訓《くん》読み 日本でつけられた読み方

漢字はもともと中国から伝《つた》わってきました。

○次の漢字を音読みと訓《くん》読みで読みましょう。

	中	高	読	書
音読み	（　　）	（　　）	（　　）	（　　）
訓《くん》読み	（　　）	（　　）	（　　）	（　　）

○漢字を読んで、読みがなを書きましょう。

読書（　　）　部首（　　）　辞典（　　）　文章読解（　　）

※読みがなを書き入れることを「ルビをふる」ともいいます。

ワーク1 あなたは漢字が得意《とくい》ですか？ あてはまるものを○でかこみましょう。

・漢字を読むこと　（得意《とくい》・どちらでもない・苦手）

・漢字を書くこと　（得意《とくい》・どちらでもない・苦手）

ワーク2 ①〜⑩を読んで、読みがなを書きましょう。また意味を言いましょう。

①読書（　　）　②改善（　　）　③出納（　　）　④賃貸（　　）

⑤模写（　　）　⑥笑顔（　　）　⑦風邪（　　）　⑧時雨（　　）

⑨雪崩（　　）　⑩真面目（　　）

ワーク3 あなたの名前に入っている漢字を書いて、音読み、訓《くん》読みで読みましょう。

漢字	音読み・訓《くん》読み

年　　月　　日

音読とは？

声に出して読み上げること。

○次の文章を音読しましょう。

児童は、表現の自由についての権利を有する。この権利には、口頭、手書き若しくは印刷、芸術の形態又は自ら選択する他の方法により、国境とのかかわりなく、あらゆる種類の情報及び考えを求め、受け及び伝える自由を含む。

（児童の権利に関する条約第13条）

アドバイス

漢字の読み方は、部首や画数から辞書《じしょ》で調べられます。

〈例《れい》〉

若

→ 艹（くさかんむり）の漢字で調べる。

→ 8画の漢字で調べる。

ジャク・ニャク・わか（い）・も（しくは）など

「音読み」はカタカナ、「訓《くん》読み」はひらがなで書かれています。

ワーク4 上の文章を読んで、読み方がわからない漢字にマーカーなどで色をつけましょう。

ワーク5 左の文章（読みがなが入っているもの）を読んで、読み方を確認《かくにん》しましょう。

児童《じどう》は、表現《ひょうげん》の自由《じゆう》についての権利《けんり》を有《ゆう》する。この権利《けんり》には、口頭《こうとう》、手書《てが》き若《も》しくは印刷《いんさつ》、芸術《げいじゅつ》の形態《けいたい》又《また》は自《みずか》ら選択《せんたく》する他《た》の方法《ほうほう》により、国境《こっきょう》とのかかわりなく、あらゆる種類《しゅるい》の情報《じょうほう》及《およ》び考《かんが》えを求《もと》め、受《う》け及《およ》び伝《つた》える自由《じゆう》を含《ふく》む。

（児童《じどう》の権利《けんり》に関《かん》する条約第《じょうやくだい》13条《じょう》）

ワーク6 上の文章に読みがな（ルビ）をふって、もう一度読みましょう。

ワーク7 新聞や資料《しりょう》から文章を選《えら》んで、読みやすいように読みがな（ルビ）を書き入れてみましょう。

4 一文の読み取り

文節《ぶんせつ》に区切りながら一文を読み、下のワークに取り組みましょう。

文節《ぶんせつ》とは？

文を意味が通じる単位《たんい》に区切ったもの。文を読み取るときの基本《きほん》の単位《たんい》になります。

○文節《ぶんせつ》に区切って読みましょう。

（何が）馬が／（どのように）ゆっくり／（どうする）歩く。

ね　ね　ね

「ね」で区切れる切れ目が目安。文節《ぶんせつ》の区切りを意識《いしき》すると、文がわかりやすくなります。

○右の文を文節《ぶんせつ》に区切って書きましょう。

何が？	どのように？	どうする？

ワーク1 次の文を文節《ぶんせつ》に区切って読みましょう。

〈例《れい》〉兄は／犬を／飼《か》っています。

① バスで　学校へ　通う。

② わたしは　料理《りょうり》が　得意《とくい》です。

③ 教科書の　五ページを　開く。

④ 明日は　雪が　降《ふ》る。

⑤ 修学旅行《しゅうがく》で　ハワイへ　行く。

ワーク2 ワーク1を参考《さんこう》に三つの文節《ぶんせつ》の文を作って、読みましょう。

		。
		。

読解《どっかい》とは?

文章を読み取って、その内容《ないよう》を理解《りかい》すること。

○例《れい》のように文を文節《ぶんせつ》に区切って読んで、設問《せつもん》に答えましょう。

〈例《れい》〉

田中さんは／熱《ねつ》が／出たので／学校を／休みました。

・だれが?（田中さん）
・どうして?（熱《ねつ》が出たので）
・どうした?（学校を休みました）

兄は水曜日にサッカー教室に行きます。

・だれが?（　）
・いつ?（　）
・どこに行く?（　）に行きます。

文を／文節《ぶんせつ》に／区切って／読むと／内容《ないよう》が／整理《せいり》されるね。

ワーク3

次の文を文節《ぶんせつ》に区切って読んで、設問《せつもん》に答えましょう。

① わたしの長所は明るく元気なところで短所は少し気が短いところです。

わたしの長所は?［　］ところ。

わたしの短所は?［　］ところ。

② 来週の月曜日に体育館で演劇部《えんげきぶ》の人たちが文化祭のリハーサルをします。

いつ?　来週の［　］に

どこで?［　］で

だれが?［　］の人たち

何をする?　文化祭の［　］をします。

ワーク4

あなたは今、どこで、何をしていますか?　一つの文で表してみましょう。

5 説明的文章を読む①

次の二つの文章をよく読んで、下のワークに取り組みましょう。

整理整頓《せいとん》とは、分別《ぶんべつ》して整えることをいいます。「整理」はいるものといらないものを分けて、不要《ふよう》なものは処分《しょぶん》する、「整頓《せいとん》」はきれいに整える、という意味です。

毎日使う大切なものは、置《お》き場を決めておいて、使ったら必《かなら》ず戻《もど》すようにしましょう。また、かばんは、中身を定期的《ていきてき》に整理しましょう。必要《ひつよう》なものがすぐに見つかるようになります。

ワーク1

① 「整理整頓《せいとん》」とはどんなことですか。

（　　　　　　　　）こと。

「こと」を聞かれているので、「〜こと」で答える。

② 「整理」の意味を言いましょう。

③ 「整頓《せいとん》」の意味を言いましょう。

「意味」に注目して読みます。

ワーク2

① 「毎日使う大切なもの」はどうするとよいですか？

② 「かばん」はどうするとよいですか？

キーワードの前後を探《さが》します。

ワーク3

「毎日使う大切なもの」にはどんなものがあると思いますか？ 言ってみましょう。

文の中には直接《ちょくせつ》書かれていないので、自分で考えます。

年　月　日

テストや学校行事などの大事な予定を忘《わす》れないためには、紙の手帳を活用することをおすすめします。自分自身で書き込《こ》むことによって、予定が自分の文字で「見える化」されるからです。

また手帳には予定だけでなく、その日にあった出来事や思ったことを書いておくとよいでしょう。日々の出来事や自分の気持ちを振《ふ》り返ることができるからです。

なるほど、「何を聞かれているか」がポイントなんだね。

ワーク4

① 「**大事な予定**」の例《れい》を、文中から二つ書きましょう。

キーワードの前後を探《さが》します。

（　　　　）

（　　　　）

② 「**紙の手帳を活用することをおすすめ**」するのは、**どうして**ですか？

予定が（　　　　）から。

理由を聞かれたら「〜から」で答えます。

ワーク5

① 「**予定だけでなく**」、何を書いておくとよいですか？

（　　　　）

② ①の理由を書きましょう。

日々の出来事や自分の気持ちを（　　　　）から。

6 説明的文章を読む② 「琵琶湖」「コミュニケーションとは」

次の二つの文章をよく読んで、下のワークに取り組みましょう。

琵琶湖《びわこ》

みなさんは琵琶湖《びわこ》を知っていますか。琵琶湖《びわこ》は滋賀県《しがけん》の真ん中にある日本で一番大きな湖です。四百万年以上《いじょう》前にできた「*古代湖《こだいこ》」で、日本最古《さいこ》の湖《みずうみ》だといわれています。面積《めんせき》は約《やく》六百七十平方キロメートルで、滋賀県《しがけん》の面積《めんせき》の約《やく》六分の一にあたる広さです。

琵琶湖《びわこ》の豊《ゆた》かな水と、琵琶湖《びわこ》に生息するたくさんの生き物は、❶地元の人々の暮《く》らしや産業《さんぎょう》に大きな恵《めぐ》みをもたらしてきました。今も美しい景色《けしき》を求めて多くの観光客《かんこうきゃく》が訪《おとず》れ、琵琶湖《びわこ》の自然《しぜん》を守る活動も活発に行われるなど、❷多くの人に愛《あい》されています。

*古代湖《こだいこ》：百万年以上存続《いじょうそんぞく》している湖の呼《よ》び名。

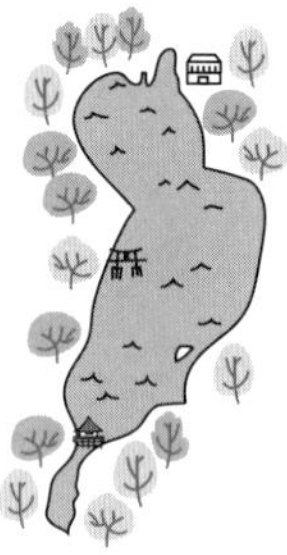

ワーク1 「琵琶湖《びわこ》」を音読しましょう。また、日本地図で琵琶湖《びわこ》の位置《いち》を確認《かくにん》しましょう。

ワーク2 琵琶湖《びわこ》について、文章からわかることをまとめましょう。

① どこにあるか

② いつできたか

③ 面積《めんせき》／広さ

↓滋賀県《しがけん》の面積の（　）

ワーク3 傍線部《ぼうせんぶ》❶「地元の人々の暮《く》らしや産業《さんぎょう》に大きな恵《めぐ》みをもたらして」きたものは何と何ですか？ 文中の言葉で書きましょう。

① 琵琶湖《びわこ》の

② 琵琶湖《びわこ》に

ワーク4 傍線部《ぼうせんぶ》❷「（琵琶湖《びわこ》が）多くの人に愛《あい》されて」いる例《れい》にあたる部分に線を引いて説明《せつめい》しましょう。

年　月　日

コミュニケーションとは

人間関係を深めるために必要だと言われる「コミュニケーション」とは何だろう。

まず思い浮かぶ意味は「**伝達**」である。伝達とは、会話や文字を使ってさまざまな情報を伝えたり受け取ったりすることだ。わたしたちは、直接会って話す他に電話やSNS、メール、オンライン会議などいろいろな方法で、情報を伝達し合っている。

しかし、人と人とのコミュニケーションは「伝達」だけではわかりにくいこともある。お互いの気持ちや感情など、目には見えない心の動きを理解し共有することだ。「コミュニケーション」の語源はラテン語の「共有（分かち合う）」である。コミュニケーションを深めるためには、（「　①　」）するだけでなく、お互いの気持ちや感情を理解しながら（「　②　」）し合うことが大切なのだ。

メールでうまく気持ちを伝《つた》えられず相手を怒《おこ》らせてしまったことも……

ワーク5 「コミュニケーションとは」を音読しましょう。読めなかった漢字を調べて読みがな（ルビ）を書き入れましょう。

ワーク6 「コミュニケーション」の意味である「伝達《でんたつ》」とは**どんなこと**ですか。文中の言葉で説明《せつめい》しましょう。

伝達《でんたつ》とは、　　　　ことだ。

それは**どのような方法《ほうほう》**で行われていますか。

直接《ちょくせつ》会って話す他に　　　　などいろいろな方法《ほうほう》。

ワーク7 傍線部《ぼうせんぶ》「『伝達《でんたつ》』だけではわかりにくいこと」とは**どんなこと**ですか。文中に線を引きましょう。

ワーク8 ①②に入る言葉を、文中の漢字二字で書きましょう。

①

②

7 説明的文章を読む③「多様性について考えよう」

次の文章をよく読んで、下のワークに取り組みましょう。

多様性について考えよう

「多様性を大事にする社会にしたい」「障害の有無、性別の違い、国籍などにかかわらず誰もが生きやすい世の中になってほしい」❶多くの人がそう思っているはずなのに、そうした素晴らしい社会がなかなか実現しないのはなぜでしょうか。

そもそも、たくさんの人が一緒に暮らす社会において、一人ひとりの違いに目を向けるのはなかなか大変で、意識せずにできることではありません。（　ア　）、世の中の仕組みはしばしば少数派の存在を無視したものになりがちです。

←

ワーク1 上の文章を音読しましょう。読めなかった漢字を調べて読みがな（ルビ）を書き入れましょう。

ワーク2 「多様性」という言葉の意味を調べてみましょう。

ワーク3 傍線部《ぼうせんぶ》❶「多くの人がそう思っている」とありますが、どのように思っているのでしょうか。文中から二か所見つけて線を引きましょう。またその部分を読みましょう。

「〜したい」「〜ほしい」に注目しましょう。

ワーク4 （　ア　）にはどの接続詞《せつぞくし》が入りますか。次の三つから選《えら》んで○を書きましょう。

（　）ところが　（　）そのため　（　）または

前の部分に理由が書かれています。「だから」と同じ意味の言葉は……？

年　月　日

例えば、❷音の鳴らない信号機は目が不自由な人々にとって大変不便ですが、開発者が目の不自由な人に意地悪をしようとしていたわけではありません。そうではなくて、「目で見て判断できる❸大多数の人」の立場でしか考えていなかった結果、少数派である人のことを考慮しない仕組みになってしまったのです。「目の不自由な人にもわかる信号機が必要だ」と誰かが声をあげたからこそ、音の鳴る信号機が導入され、みんなが暮らしやすい世の中に一歩近づきました。

人間社会は、ついつい❹多数派の人を優先してしまいがちです。まずはその事実を受け止めたうえで、多様性を大事にする社会の実現に向けて一人ひとりが声をあげ、努力を積み重ねることが大切なのではないでしょうか。

学校でも「バリアフリー」「ユニバーサルデザイン」がすすんでいるね。

ワーク5 傍線部《ぼうせんぶ》❷「音の鳴らない信号機《しんごうき》」について、文の内容《ないよう》に合うほうを○でかこみましょう。

大多数の人にとっては（問題なく使える・不便《ふべん》だ）が、目の不自由《ふじゆう》な人にとっては（大変便利《たいへんべんり》・大変不便《たいへんふべん》）である。

ワーク6 傍線部《ぼうせんぶ》❸「大多数の人」と反対の意味の言葉を、同じ段落《だんらく》の中から抜《ぬ》き出して書きましょう。

ワーク7 傍線部《ぼうせんぶ》❹「多数派《たすうは》の人を優先《ゆうせん》してしまいがち」とありますが、わたしたちの生活の中でどんな例《れい》があるか、考えてみましょう。

ワーク8 「多様性《たようせい》」について、あなたが知っていることや感じていることを話してみましょう。

8 説明的文章を読む④「AIとどう付き合うか」

次の文章をよく読んで、下のワーク1〜8に取り組みましょう。

*AIとどう付き合うか

1「AI」とは「人工知能」のことで、人間の頭脳のように考えることができる新しいコンピューター技術のことである。あなたの身のまわりでも、自動車、掃除ロボット、エアコン、などいろいろな機械の中でAIが活躍している。

2従来のコンピューター技術が、あらかじめ決められた手順に従って動くのに対し、AIは自ら学習してどんどん賢くなるのが特徴だ。AIが学習する方法にも、たくさんのデータを覚えさせる「機械学習」だけでなく、人間の脳の働きに近い「深層学習」という新しい方法も出てきている。AIは寝る必要も食事をとる必要もない。学習をさぼることも投げ出すこともなく長時間続けることができるので、❶これからもどんどん賢くなっていくだろう。

←

ワーク1 上の文章を段落《だんらく》（1〜5）ごとに音読しましょう。読めなかった漢字を調べて読みがなを書き入れましょう。

ワーク2 段落《だんらく》1を読んで、「AI（人工知能）とは何か」を文中の言葉で説明《せつめい》しましょう。

ワーク3 段落《だんらく》2を読んで、「従来《じゅうらい》のコンピューター」と「AI」の特《とく》徴《ちょう》を説明《せつめい》しましょう。

①従来《じゅうらい》のコンピューター

②AI

ワーク4 傍線部《ぼうせんぶ》❶AIが「これからもどんどん賢《かしこ》くなっていく」理由をまとめて、説明《せつめい》してみましょう。

年　月　日

3 すでにいくつかの分野では、AIが人間の能力を上回っているが、近い将来、すべての分野において人間の頭脳を上回るのではないかとも言われている。❷そうなるとどんなことが起きるだろうか。

4 いま人間が行っている仕事の多くを、AIがこなすようになる未来が来る。人間が働かなくともAIが働いてくれるのだ。では、AIが活躍する社会の中で、人間の存在価値は下がってしまうのだろうか。

5 AIがどれほど活躍しようとも、❸人間にしかできないことがある。それはゼロから自由な発想で創造することだ。人間には発明をしたり芸術を生み出したりする豊かな創造力がある。AIは膨大な情報を処理して学習できるが、創造力は持っていない。わたしたちはAIに使われる未来ではなく、人間の創造力をもって、AIを活用できる未来をつくっていくべきなのだ。

＊AI：Artificial Intelligence（人工知能）の略。

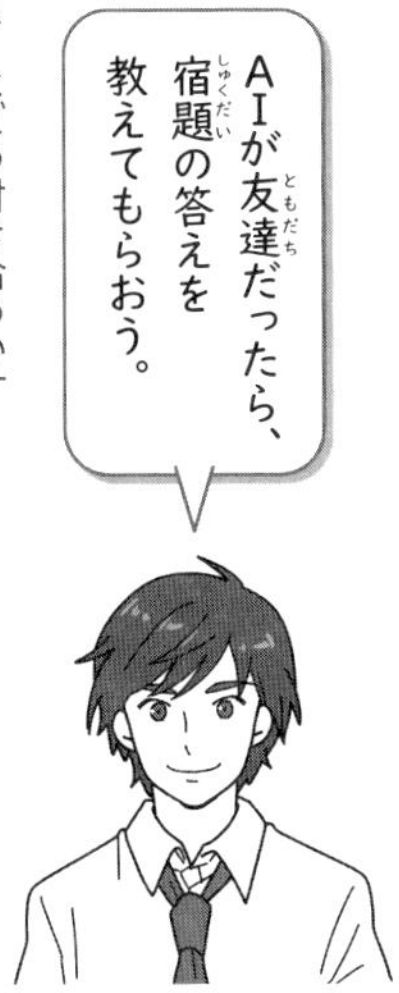
AIが友達《ともだち》だったら、宿題《しゅくだい》の答えを教えてもらおう。

ワーク5 傍線部《ぼうせんぶ》❷「そうなるとどんなことが起きるだろうか」について書かれている段落《だんらく》はどこですか。

（　　　）

ワーク6 傍線部《ぼうせんぶ》❸「人間にしかできないことがある」とありますが、それはどんなことですか。文中から抜《ぬ》き出しましょう。

ワーク7 「人間」と「AI」を比《くら》べた文の（①）～（④）に入る言葉を文中から選《えら》んで書き入れ、読みましょう。

人間には（①　　　）をしたり（②　　　）を生み出したりする豊《ゆた》かな創造力《そうぞうりょく》がある。AIは膨大《ぼうだい》な（③　　　）を処理《しょり》して（④　　　）できるが、創造力《そうぞうりょく》は持っていない。

ワーク8 筆者が最《もっと》も言いたいことが書いてある一文に線を引いて読みましょう。

9 文学的文章を読む① 「フツウの声」「ポップコーン」

次の話は高校生のAさん、Bさんが書いた文章です。よく読んでから、下のワークに取り組みましょう。

フツウの声

❶ぼくは子どものころからおしゃべりが大好《だいす》きだった。電車や歴史に関《かん》することなど、大好《だいす》きでたまらないことをまわりの人にたくさん教えたかったからだ。

そんなぼくは❷ほかの人よりかなり声が大きかったようで、両親や先生から「声が大きすぎるよ」と注意をされたり、話している途中《とちゅう》で「もっとフツウの声で話して」と言われたりすることが多かった。

ぼく自身は「フツウの声」がどんな大きさなのかわからなかったし、「声を小さくすると相手に伝《つた》わらないのではないか」という不安《ふあん》もあって❸なかなか声を小さくすることができなかったのだ。

（Aさん／高校3年生）

ワーク1 Aさんの気持ちを想像《そうぞう》しながら「フツウの声」を音読しましょう。

ワーク2 傍線部《ぼうせんぶ》❶「ぼくは子どものころからおしゃべりが大好《だいす》きだった」理由を書きましょう。

ワーク3 傍線部《ぼうせんぶ》❷「ほかの人よりかなり声が大きかった」ぼくに、両親や先生は何と言いましたか？

「　　　」

「　　　」

ワーク4 傍線部《ぼうせんぶ》❸ぼくが「なかなか声を小さくすることができなかった」理由を文中から二つ探《さが》して、線を引きましょう。

ワーク5 あなたはAさんと似《に》たような経験《けいけん》をしたことがありますか？ 先生や友達《ともだち》と話してみましょう。

年　月　日

ポップコーン

「おはよう……。」(ア)

教室の前で同じクラスの田中さんにわたしから声をかけたのはよいが、次の一言が思い浮《う》かばない。

❶相手の目を見たいのになぜか視線《しせん》が泳いでしまう。そのとき、田中さんのかばんに、わたしがよく知っているキャラクターのキーホルダーがついていることに気づいた。

「あ、それ、わたしも大好《だいす》き。どこで買ったの？」(イ)

すると田中さんはとてもうれしそうにキャラクターについて話しはじめ、会話がつながっていく。ポコポコと話題が生まれる感じは、❷まるでフライパンで熱《ねつ》を加《くわ》えるとはじけ出すポップコーンみたい。

「楽しかった、また後でね！」(ウ)

そう田中さんに言われて、わたしの心の中に小さな喜《よろこ》びがはじけて広がっていった。

(Bさん／高校3年生)

ワーク6 「ポップコーン」を音読しましょう。この話の場所と時間を丸でかこみましょう。

①場所（ 駅・学校・商店街《しょうてんがい》・田中さんの家 ）

②時間（ 登校時・昼休み・下校時・放課後《ほうかご》 ）

ワーク7 文中の(ア)～(ウ)は、誰《だれ》が言っているのでしょうか。正しい方を選《えら》んで丸でかこみましょう。

①(ア)→（ わたし・田中さん ）

②(イ)→（ わたし・田中さん ）

③(ウ)→（ わたし・田中さん ）

ワーク8 傍線部《ぼうせんぶ》❶「相手の目を見たいのになぜか視線《しせん》が泳いでしまう」ときの「わたし」の気持ちを想像《そうぞう》して書きましょう。

ワーク9 傍線部《ぼうせんぶ》❷「まるでフライパンで熱《ねつ》を加《くわ》えるとはじけ出すポップコーンみたい」とありますが、「何を」ポップコーンに例《たと》えているのでしょうか。

10 文学的文章を読む② 「ごんぎつね」「セロ弾きのゴーシュ」

次の二つの話をよく読んで、下のワークに取り組みましょう。

ごんぎつね

新美《にいみ》南吉《なんきち》

これは、わたしが小さいときに、村の茂平《もへい》というおじいさんから聞いたお話です。

昔は、わたしたちの村の近くの、中山《なかやま》という所に、小さなお城《しろ》があって、中山様というおとの様がおられたそうです。

その中山から少しはなれた山の中に、「ごんぎつね」というきつねがいました。ごんは、ひとりぼっちの小ぎつねで、しだのいっぱいしげった森の中に、あなをほって住んでいました。そして、夜でも昼でも、あたりの村へ出てきて、いたずらばかりしました。畑へ入っていもをほり散《ち》らしたり、菜種《なたね》がらのほしてあるのへ火をつけたり、百姓家《ひゃくしょうや》のうら手につるしてあるとんがらしをむしり取っていったり、いろんなことをしました。

ワーク1 「ごんぎつね」を音読しましょう。

ワーク2 この話は、だれが、だれに、聞いた話ですか。

① だれが　□　が

② だれに　□　に

ワーク3 「ごん」はどんな小ぎつねですか？ 文中から七字で抜《ぬ》き出しましょう。

□□□□□□□ 小ぎつね

ワーク4 傍線部《ぼうせんぶ》「いたずらばかりしました」とありますが、どんないたずらをしましたか？ 文中に線を引いて読みましょう。

【ごんぎつね】作者は児童《じどう》文学作家・新美南吉《にいみなんきち》（一九一三〜一九四三）。猟師《りょうし》の兵十《ひょうじゅう》と、いたずら好《ず》きの小ぎつね「ごん」の話。

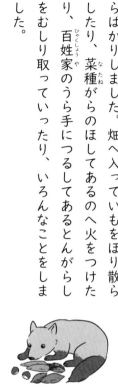

年　月　日

セロ弾《ひ》きのゴーシュ

宮沢賢治《みやざわけんじ》

ゴーシュは町の*活動写真館でセロを弾《ひ》く係りでした。けれどもあんまり上手でないという評判《ひょうばん》でした。上手でないどころではなく実は仲間《なかま》の楽手のなかではいちばん下手でしたから、いつでも楽長にいじめられるのでした。

ひるすぎみんなは楽屋に円くならんで今度の町の音楽会へ出す第六交響曲《こうきょうきょく》の練習をしていました。

トランペットは一生けん命歌っています。

ヴァイオリンも*二《ふた》いろ風のように鳴っています。

クラリネットもボーボーとそれに手伝《てつだ》っています。

ゴーシュも口をりんと結《むす》んで眼《め》を皿《さら》のようにして楽譜《がくふ》を見つめながらもう一心に弾《ひ》いています。

にわかにぱたっと楽長が両手を鳴らしました。みんなぴたりと曲をやめてしんとしました。楽長がどなりました。

「セロがおくれた。トォテテ　テテテイ、ここからやり直し。はいっ。」

*活動写真館：映画館のこと。
*二《ふた》いろ：二種類《しゅるい》（の音が）。

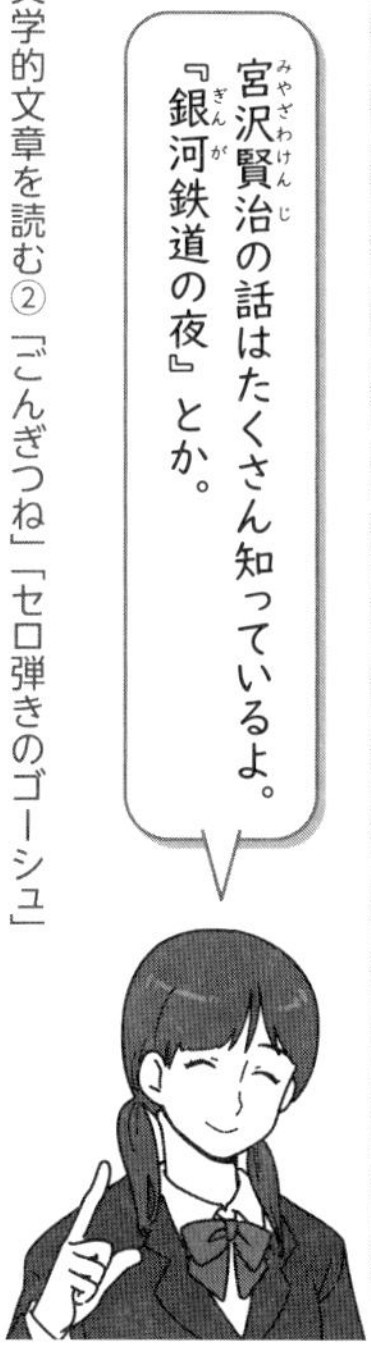
宮沢賢治《みやざわけんじ》の話はたくさん知っているよ。『銀河《ぎんが》鉄道の夜』とか。

ワーク5 「セロ弾《ひ》きのゴーシュ」を音読しましょう。またセロ（チェロ）がどんな楽器《がっき》か調べてみましょう。

ワーク6 ゴーシュはどこで何の係りでしたか。

① どこで　町の（　　　　）で

② 何の係り　（　　　　）係り

ワーク7 傍線部《ぼうせんぶ》「第六交響曲《こうきょうきょく》の練習」の、楽器《がっき》ごとの練習の様子に線を引いて読みましょう。

① トランペット　② ヴァイオリン　③ クラリネット

ワーク8 ゴーシュが一生けん命練習している様子を表している一文に線を引いて読みましょう。また実際《じっさい》にどんな様子なのか想像《そうぞう》してみましょう。

【セロ弾《ひ》きのゴーシュ】 作者は詩人・童話作家の宮沢賢治《みやざわけんじ》（一八九六～一九三三）。セロ（チェロ）が下手なゴーシュが、動物たちと出あって演奏《えんそう》し成長《せいちょう》していく。

11 文学的文章を読む③「坊ちゃん」「杜子春」

次の二つの話をよく読んで、下のワークに取り組みましょう。

坊《ぼっ》ちゃん

夏目漱石《なつめそうせき》

親譲《おやゆず》りの*無鉄砲《むてっぽう》で小供《こども》の時から損《そん》ばかりしている。小学校に居《い》る時分学校の二階から飛《と》び降《お》りて一週間ほど腰《こし》を抜《ぬ》かした事がある。なぜそんな無闇《むやみ》をしたと聞く人があるかも知れぬ。別段《べつだん》深い理由でもない。新築《しんちく》の二階から首を出していたら、同級生の一人が冗談《じょうだん》に、いくら威張《いば》っても、そこから飛《と》び降《お》りる事は出来まい。弱虫やーい。と*囃《はや》したからである。*小使《こづかい》に負ぶさって帰って来た時、おやじが大きな眼《め》をして二階ぐらいから飛《と》び降《お》りて腰《こし》を抜《ぬ》かす奴《やつ》があるかと云《い》ったから、この次は抜《ぬ》かさずに飛《と》んで見せますと答えた。

*無鉄砲《むてっぽう》：後先を考えずに行動すること。
*囃《はや》す：声をそろえてからかうこと。
*小使《こづかい》：学校の校務員《こうむいん》のこと。

ワーク1 『坊《ぼっ》ちゃん』を音読しましょう。主人公がどんな小学生だったか、想像《そうぞう》してみましょう。

ワーク2 ①主人公はどのような行動によって「一週間ほど腰《こし》を抜《ぬ》かした」のですか？

②なぜそんなことをしたのでしょうか。主人公の気持ちを考えて説明《せつめい》しましょう。

ワーク3 主人公が家に帰ったときの**父親の言った言葉**と**主人公の返事**に線を引いて読みましょう。

【坊《ぼっ》ちゃん】作者は小説家《しょうせつか》・夏目漱石《なつめそうせき》（一八六七～一九一六）。舞台は愛媛県松山市《えひめけんまつやまし》。暴《あば》れん坊《ぼう》だった主人公が中学校の教師《きょうし》になる。漱石《そうせき》自身の体験《たいけん》をもとにした小説《しょうせつ》。

年　月　日

杜子春《とししゅん》

芥川龍之介《あくたがわりゅうのすけ》

或《ある》春の日暮《ひぐれ》です。

*唐《とう》の都洛陽《みやこらくよう》の西の門の下に、ぼんやり空を仰《あお》いでいる、一人の若者《わかもの》がありました。

若者《わかもの》は名を杜子春《とししゅん》といって、元は金持《かねもち》の息子《むすこ》でしたが、今は財産《ざいさん》を費《つか》い尽《つく》して、その日の暮《くら》しにも困《こま》る位《くらい》、憐《あわれ》な身分になっているのです。

何しろその頃洛陽《ころらくよう》といえば、天下に並《なら》ぶもののない、*繁昌《はんじょう》を極《きわ》めた都ですから、*往来《おうらい》にはまだ*しっきりなく、人や車が通っていました。

*唐《とう》：昔の中国。
*繁昌《はんじょう》を極《きわ》める：とても賑《にぎ》わって栄《さか》えること。
*往来《おうらい》：人の行き来する道路。
*しっきりなく：ひっきりなしに。

ワーク4 『杜子春《とししゅん》』を音読しましょう。

ワーク5 傍線部《ぼうせんぶ》「一人の若者《わかもの》」は、**どこで、どんな様子**でいましたか。文中に線を引いて読みましょう。

ワーク6 主人公についてわかることを文中から抜《ぬ》き出して書きましょう。

① 名前 ＿＿＿＿

② 元は ＿＿＿＿

③ 今は その日の暮《くら》しにも困《こま》る位《くらい》、＿＿＿＿になっている。

ワーク7 洛陽《らくよう》の往来《おうらい》の様子がわかる部分に線を引いて、読みましょう。

【杜子春《とししゅん》】作者は小説家《しょうせつか》・芥川龍之介《あくたがわりゅうのすけ》（一八九二～一九二七）。貧《まず》しい若者《わかもの》・杜子春《とししゅん》は、仙人《せんにん》の鉄冠子《てっかんし》と出会い、弟子《でし》になることを望んで峨眉山《がびざん》に向かいます。

12 古文を読む①「竹取物語」

「古文」とは、主に江戸《えど》時代までに書かれた文章のことです。古文の歴史的《れきしてき》かな遣《づか》いについて知り、「竹取物語《たけとりものがたり》」を読みましょう。

【古文の言葉】

歴史的《れきしてき》かな遣《づか》いとは？

古文に使われているかな遣《づか》い。今の言葉（現代かな遣《づか》い）とは読み方や意味が異《こと》なります。

・**「は・ひ・ふ・へ・ほ」**
→「わ・い・う・え・お」と読む
〈例《れい》〉思ふ→「思う」　あはれ→「あわれ」

・**「ぢ」「づ」**
→「じ」「ず」と読む
〈例《れい》〉はづかし→「はずかし」

・**「ゐ」「ゑ」「を」**
→「い」「え」「お」と読む
〈例《れい》〉ゐる→「いる」　こゑ→「こえ」　をかし→「おかし」　など

※他にもあります。

ワーク1 次の歴史的《れきしてき》かな遣《づか》いの言葉を、現代《げんだい》かな遣《づか》いにして読みましょう。

① こひ

② おもふ

③ ゐのしし

④ こゑ

⑤ ゆふぐれ

⑥ いづれ

⑦ をかし（趣《おもむき》がある・優《すぐ》れている）

⑧ あはれ（しみじみとしている）

⑨ おはす（いらっしゃる）

⑩ よろづ（たくさんあること。多くの数）

年　月　日

竹取物語《たけとり》　（作者不明《ふめい》）

今は昔、*竹取《たけとり》の翁《おきな》と❶いふものありけり。野山にまじりて竹を取りつつ、よろづ《ず》のことに使ひ《い》けり。名をば、さぬきのみやつことなむ《ん》❷いひける。

その竹の中に、もと光る竹なむ《ん》一筋《ひとすじ》ありける。❸*あやしがりて、寄《よ》りて見るに、筒《つつ》の中光りたり。それを見れば、*三寸《ずん》ばかりなる人、*いとうつくしう《しゅう》てゐ《い》たり。

*竹取《たけとり》の翁《おきな》：竹を取るおじいさん。
*あやしがりて：不思議《ふしぎ》に思って。
*三寸《ずん》：一寸《すん》は約《やく》3センチ。
*いとうつくしうて：とてもかわいらしい様子で。

ワーク2 「竹取《たけとり》物語」を歴史的《れきしてき》かな遣《づか》いに気をつけて読んで、古文を味わいましょう。

ワーク3 傍線部《ぼうせんぶ》❶❷の歴史的《れきしてき》かな遣《づか》いを現代《げんだい》かな遣《づか》いに書き直して読みましょう。

❶いふ →

❷いひける →

ワーク4 傍線部《ぼうせんぶ》❸竹取《たけとり》の翁《おきな》はどうして「あやしがりて、寄《よ》りて」見たのでしょうか。理由がわかる一文に線を引きましょう。

ワーク5 竹の中にいた人の様子がわかる一文に線を引いて、読みましょう。

【竹取《たけとり》物語】平安時代の日本最古《さいこ》の物語。作者不明《ふめい》。竹取《たけとり》の翁《おきな》が竹の中から生まれたかぐや姫《ひめ》を大切に育てるが、やがて姫《ひめ》は成長《せいちょう》して月に帰っていく。

13 古文を読む②「枕草子」「徒然草」

古文「枕草子《まくらのそうし》」「徒然草《つれづれぐさ》」を読んで、下のワークに取り組みましょう。

枕草子《まくらのそうし》

清少納言《せいしょうなごん》

春は❶あけぼの。❷*やうやう白くなりゆく山ぎはすこしあかりて、紫《むらさき》だちたる雲のほそくたなびきたる。

夏は夜。月のころは*さらなり。闇《やみ》も*なほ、螢《ほたる》の多く飛《と》びちがひたる。また、ただ一つ二つなど、ほのかにうち光りて行くも*をかし。雨など降《ふ》るもをかし。

*やうやう（ようよう）：だんだんと。
*さらなり：いうまでもない。
*なほ：やはり。
*をかし：味わい深い・趣《おもむき》がある。

ワーク1 「枕草子《まくらのそうし》」を歴史的《れきしてき》かな遣《つか》いに気をつけて読んで、古文を味わいましょう。

ワーク2 傍線部《ぼうせんぶ》❶「あけぼの」はどんな時間帯でしょうか。正しいものに○をつけましょう。

①（　）明け方　②（　）お昼時　③（　）夕暮《ゆうぐ》れ

ワーク3 歴史的《れきしてき》かな遣《づか》いで書かれている傍線部《ぼうせんぶ》❷を現代かな遣《づか》いに書き直して読みましょう。

やうやう↓

ワーク4 清少納言《せいしょうなごん》は「春（あけぼの）」「夏（夜）」のそれぞれどんなところがよいと言っているか、文中に線を引いて、読みましょう。

←あなたはどう思いますか。あなたが思う「春」「夏」のよいところをあげましょう。

春

夏

【枕草子《まくらのそうし》】作者は清少納言《せいしょうなごん》。平安時代。宮廷《きゅうてい》に仕えた生活の中で自然《しぜん》や人生について思うままに書いた随筆《ずいひつ》。

年　月　日

徒然草《つれづれぐさ》

序段《じょだん》

*つれづれなるままに、*日暮《ひぐ》らし、*硯《すずり》に向かひて、心に*うつりゆく*よしなしごとを、*そこはかとなく*書きつくれば、*あやしうこそものぐるほしけれ。

*つれづれ：することがなく退屈《たいくつ》であること。
*日暮《ひぐ》らし：一日中。
*硯《すずり》：墨《すみ》をする文具。
*うつりゆく：浮《う》かんでは消えていく。
*よしなしごと：つまらないこと。
*そこはかとなく：とりとめもなく。
*書きつくれば：書き記せば。
*あやしうこそものぐるほしけれ：不思議《ふしぎ》と狂《くる》おしい気持ちになる。

兼好法師《けんこうほうし》

ワーク5 「徒然草《つれづれぐさ》」を歴史的《れきしてき》かな遣《づか》いに気をつけて読んで、古文を味わいましょう。

ワーク6 歴史的《れきしてき》かな遣《づか》いで書かれている傍線部《ぼうせんぶ》「ものぐるほしけれ」を現代《げんだい》かな遣《づか》いに書き直して読みましょう。

ものぐるほしけれ↓

ワーク7 *を参考《さんこう》に、現代語訳に書き直して読みましょう。

【徒然草《つれづれぐさ》】作者は鎌倉《かまくら》時代の歌人・兼好法師《けんこうほうし》。日々の出来事について書かれた随筆《ずいひつ》。上の「序段《じょだん》」のほか、二四三段《だん》に分かれている。「枕草子《まくらのそうし》」（清少納言《せいしょうなごん》）「方丈記《ほうじょうき》」（鴨長明《かものちょうめい》）とともに三大随筆《ずいひつ》といわれている。

14 古文を読む③「おくの細道」「百人一首」

古文「おくの細道」や百人一首を読んで下のワークに取り組みましょう。

おくの細道

松尾《まつお》芭蕉《ばしょう》

「序文」

月日は*百代《はくたい》の*過客《かかく》にして、行きかふ年もまた旅人なり。*舟《ふね》の上に生涯《しょうがい》を浮《う》かべ、*馬の口とらへて老《お》いを迎《むか》ふる者は、日々旅にして、旅を*すみかとす。*古人も多く*旅に死せるあり。

*百代《はくたい》：永遠《えいえん》。
*過客《かかく》：旅人。
*舟《ふね》の上に生涯《しょうがい》を浮《う》かべ：船頭のこと。
*馬の口とらへて老《お》いを迎《むか》ふる者：馬方《うまかた》。馬に人や荷物を運ばせる職業の人。
*すみか：住まい。
*古人：昔の詩人。
*旅に死せる：旅先で亡《な》くなった。

ワーク1 「おくの細道」を歴史的《れきしてき》かな遣《づか》いに気をつけて読んで、古文を味わいましょう。

ワーク2 歴史的《れきしてき》かな遣《づか》いで書かれている傍線部《ぼうせんぶ》「とらへて」を現代《げんだい》かな遣《づか》いに書き直して読みましょう。

とらへて ↓ ［　　　　］

ワーク3 *を参考《さんこう》に、現代語《げんだいご》に訳《やく》して読んでみましょう。

ワーク4 作者の「旅」のとらえ方に近いものに○をつけましょう。

①（　）旅に出るといつまでも若々《わかわか》しくいられる
②（　）人生とは旅のようなものである
③（　）旅は事故《じこ》が多いので気をつけるべきだ

【おくの細道】江戸《えど》時代の俳人《はいじん》・松尾《まつお》芭蕉《ばしょう》が江戸《えど》から東北にかけて旅をし、その地の様子をまとめた紀行文《きこうぶん》（旅の体験《たいけん》を記した文）。

年　月　日

百人一首とは？

「小倉《おぐら》百人一首」は、鎌倉《かまくら》時代初期《しょき》に藤原定家《ふじわらのさだいえ》によって選《えら》ばれた和歌集です。和歌は「五・七・五」の上の句《く》と「七・七」の下の句で作られています。

○和歌を読んで、歌人の気持ちを読み取りましょう。

ア
あしびきの山鳥の尾《お》のしだり尾《お》の
長々し夜をひとりかも寝《ね》む

イ
ひさかたの　光のどけき　春の日に
静心《しずごころ》なく　花の散《ち》るらむ

ウ
ちはやぶる　神代《かみよ》も聞かず　竜田川《たつたがわ》
からくれなゐに　水くくるとは

エ
月見れば　千々に物こそ　かなしけれ
わが身一つの　秋にはあらねど

オ
めぐり逢《あ》ひて　見しやそれとも　分かぬ間に
雲隠《がく》れにし　夜半《よわ》の月かな

ワーク5 ①～⑤の現代語訳《げんだいごやく》に合う和歌を上のア～オから選《えら》んで読みましょう。

① 久《ひさ》しぶりに再会《さいかい》できたと思ったのに、あなただとわかるかどうかの間に帰ってしまった。まるで月が雲に隠《かく》れるように。（紫式部《むらさきしきぶ》）

② 不思議《ふしぎ》なことが多かった神の時代にも聞いたことがない。竜田川《たつたがわ》の水を（紅葉《もみじ》が）真《ま》っ赤《か》にくくり染《そ》めにするなんて。（在原業平朝臣《ありわらのなりひらあそん》）

③ 山鳥の長く垂《た》れ下がった尾《お》のように　長い夜をひとりで寝《ね》るのだろうか。（柿本人麻呂《かきのもとのひとまろ》）

④ 日の光がのどかな春の日に、なぜ落ち着いた心もなく桜《さくら》の花は散《ち》るのだろう。（紀友則《きのとものり》）

⑤ 月を見ればあれこれと物悲《ものがな》しくなる。自分一人に訪《おとず》れた秋ではないのだけれど。（大江千里《おおえのちさと》）

ワーク6 百人一首から好《す》きな歌を選《えら》んで書き、読みましょう。

第3章 生活の中の文章読解

学校からもらうプリントって、多すぎない？
そうそう、読むのが大変《たいへん》だから、そのままかばんに入れておく（笑）。
あれ？　大事なお知らせや情報《じょうほう》がわかっていないと、いざというときに困《こま》らないかな？

☑「いま」をチェック

□学校でもらうプリント類《るい》をよく読んでいる
□雑誌《ざっし》や新聞をよく読むほうだ
□文章で読むより、動画で見たほうがわかりやすい
□スマホでSNSやインターネットなどの情報《じょうほう》をよく読む

【先生・保護者の方へ】

文字や文章を読むことは、授業や学校生活だけでなく、日常生活の中でもよくあります。何でもスマホで調べられる時代ですが、重要なことが書いてある手紙やお知らせを読まないでそのままにしておくと、いざというときに困ってしまうことがあります。国語の教科書以外に身のまわりにあるさまざまな文章や情報を読む練習をし、日々の生活に役立てられるようにしましょう。

指導・支援のポイント

○まず「何について書かれた文章か」を伝える
○読む前に「読み取ってほしいポイント」を伝える
○大事な箇所に、マーカーなどで色をつける
○情報量が多すぎる場合は、読む量や文字の大きさなどを本人の「読みやすさ」に合わせて調整する

「お知らせ」を読む

何のお知らせか → 花咲《はなさき》高等学校・秋の文化祭のお知らせ

重要《じゅうよう》な情報《じょうほう》① → ❖ 日時：11月1日（月）～3日（水）
10：00～16：00
（最終日《さいしゅうび》は 15：00 まで）

重要《じゅうよう》な情報《じょうほう》② → ❖ 会場：花咲《はなさき》高校校舎《こうしゃ》・体育館

重要《じゅうよう》な情報《じょうほう》③ → ❖ 見学される方は、事前にメールで申《もう》し込《こ》みをお願《ねが》いします。
申《もう》し込《こ》み：hanasaki@ ××〇〇 .com
（メールのタイトルに「文化祭見学希望《きぼう》」とお書きのうえ、来校者氏名《しめい》
在籍校《ざいせきこう》／来校希望日《きぼうび》／緊急連絡先《きんきゅうれんらくさき》をお書きください）

チャレンジ

① 上の「お知らせ」を見て、「いつ・どこで・何があるのか」を読み取って線を引きましょう。

② あなたの名前で参加申《さんかもう》し込《こ》みメールを書いてみましょう（見学希望日《きぼうび》は11月3日）。

TO hanasaki@ ××〇〇 .com

件名《けんめい》：

1 「黒板」の読み取り

黒板に書かれている内容《ないよう》を読み取って、下のワークに取り組みましょう。

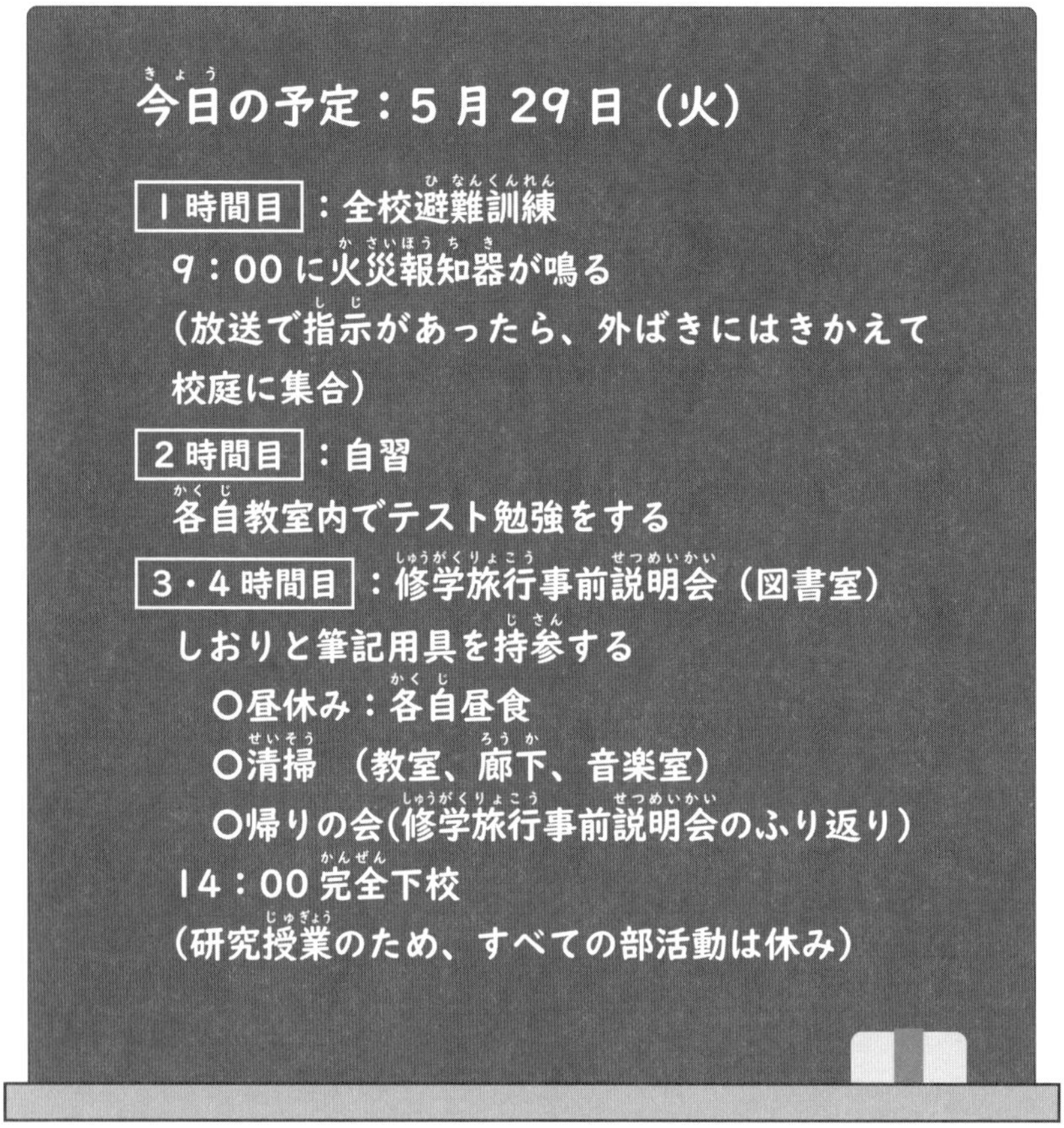
今日《きょう》の予定：5月29日（火）
1時間目：全校避難訓練《ひなんくんれん》
9：00に火災報知器《かさいほうちき》が鳴る
（放送で指示《しじ》があったら、外ばきにはきかえて
校庭に集合）
2時間目：自習
各自《かくじ》教室内でテスト勉強をする
3・4時間目：修学旅行《しゅうがくりょこう》事前説明会《せつめいかい》（図書室）
しおりと筆記用具を持参《じさん》する
○昼休み：各自《かくじ》昼食
○清掃《せいそう》（教室、廊下《ろうか》、音楽室）
○帰りの会（修学旅行《しゅうがくりょこう》事前説明会《せつめいかい》のふり返り）
14：00完全《かんぜん》下校
（研究授業《じゅぎょう》のため、すべての部活動は休み）

ワーク1 今日《きょう》の**避難訓練**《ひなんくんれん》はいつ、どのような流れで行われますか？　わかることを書きましょう。

① いつ：(　　　　　　　　　　　　　　　　　　　　　　　　　　)

② 放送で指示《しじ》があったら：(　　　　　　　　　　　　　　　　　　　　)

ワーク2 今日《きょう》の2時間目は、どこで何をしたらよいですか。

(　　　　　　　　　　　　　　　　　　　　　　　　　　　　　　)

ワーク3 **修学旅行**《しゅうがくりょこう》**事前説明会**《せつめいかい》は、いつ、どこでありますか。

(　　　　　　　　　　　　　　　　　　　　　　　　　　　　　　)

ワーク4 昼休み以降《いこう》の予定を説明《せつめい》してみましょう。

(　　　　　　　　　　　　　　　　　　　　　　　　　　　　　　)

年　　月　　日

月の異名（いみょう）

・旧暦《きゅうれき》（月の動きをもとにした昔の暦《こよみ》）の月の名前。
→それぞれに、その月にちなんだ意味がある。

春（３月～５月）：弥生（やよい）・卯月（うづき）・皐月（さつき）

夏（６月～８月）：水無月（みなづき）・文月（ふづき、ふみづき）・葉月（はづき）

秋（９月～１１月）：長月（ながつき）・神無月（かんなづき・かみなしづき）・霜月（しもつき）

冬（１２月～２月）：師走（しわす）・睦月（むつき）・如月（きさらぎ）

＊島根県出雲《いずも》地方では10月を「神在月《かみありづき》」と呼《よ》びます。

ワーク5 **月の異名《いみょう》**とは何ですか。

ワーク6 月の異名《いみょう》を１月から１２月まで順《じゅん》に書いて、読みましょう。

１月：	２月：	３月：	４月：
５月：	６月：	７月：	８月：
９月：	１０月：	１１月：	１２月：

ワーク7 今月の異名《いみょう》を書いて、その意味を調べてみましょう。

今月：	意味：

2 「掲示物」の読み取り

さくら坂中学校の「期末《きまつ》テスト日程《にってい》」「期末《きまつ》テスト範囲表《はんいひょう》」を読み取って、下のワークに取り組みましょう。

さくら坂中学校　期末《きまつ》テスト日程《にってい》

	7/20（月）			7/21（火）			7/22（水）		
	1限《げん》	2限《げん》	3限《げん》	1限《げん》	2限《げん》	3限《げん》	1限《げん》	2限《げん》	3限《げん》
1年	国語	英語《えいご》	美術《びじゅつ》	社会	理科	保健《ほけん》体育	英会話《えいかいわ》	数学	音楽
2年	英語《えいご》	国語	美術《びじゅつ》	保健《ほけん》体育	数学	英会話《えいかいわ》	音楽	理科	社会
3年	数学	音楽	英会話《えいかいわ》	英語《えいご》	保健《ほけん》体育	理科	社会	国語	美術《びじゅつ》

ワーク1 期末《きまつ》テスト期間は、**いつからいつまで**、**何日間**ですか。

テスト期間：	日間

ワーク2 **1年の2日目《ふつかめ》の予定**を書いて、言いましょう。

1限《げん》：	2限《げん》：	3限《げん》：

ワーク3 **2年**の次の教科のテストはいつですか。

国語：　月　日　限目《げんめ》	音楽：　月　日　限目《げんめ》

ワーク4 各学年の**英会話《えいかいわ》**のテスト日・時間を書いて言いましょう。

1年：　月　日　限目《げんめ》	2年：　月　日　限目《げんめ》
3年：　月　日　限目《げんめ》	

ワーク5 あなたの学校では、テスト日程《にってい》はいつ、どのような方法《ほうほう》で知らされますか。
次のテストはいつですか？

年　月　日

さくら坂中学校　期末《きまつ》テスト範囲表《はんいひょう》（1年生）

	テスト範囲《はんい》	アドバイス
国語	・「詩の世界」（教科書 p.40-49） ・「漢字ワーク」（p.15-20） ・単元《たんげん》テスト3、4、5	・教科書の詩を何度も読み直しましょう。「漢字ワーク」から同じ問題が出ます。単元《たんげん》テストもしっかり復習《ふくしゅう》しておきましょう。
数学	・「正の数と負の数の四則《しそく》計算」「文字と式」 ・「計算ワーク」（p.16-30） ・プリント3、4	・「計算ワーク」の計算を何度もくり返し、ミスなくできるようにしましょう。プリント3、4から同じ問題が出ます。
英語《えいご》	・「四季《しき》と日本人」「日本の有名なもの」（p.25-32） ・「英語《えいご》ワークブック」（p.7-15）	・教科書の本文を何度も読んで日本語に訳《やく》せるようにしておきましょう。 ・「英語《えいご》ワークブック」から同じ問題が出ます。

ワーク6
①数学のテスト範囲《はんい》を読みましょう。
②数学の「アドバイス」を読みましょう。

ワーク7
①英語《えいご》のテスト範囲《はんい》を読みましょう。
②英語《えいご》の「アドバイス」を読みましょう。

ワーク8
「同じ問題が出ます」と示《しめ》されているのは、何と同じ問題ですか。それぞれの教科について読み取り、書きましょう。

① 国語：

② 数学：

③ 英語《えいご》：

ワーク9
あなたはテスト勉強をするときに、どんなくふうをしていますか。

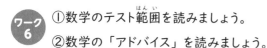

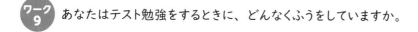

3 「お知らせ文」の読み取り

都立桜《さくら》が丘《おか》高等学校の「春の校外学習のお知らせ」をよく読んで、下のワークに取り組みましょう。

1年生のみなさんへ

都立桜《さくら》が丘《おか》高等学校
校長　田中太郎《たろう》

春の校外学習のお知らせ

このたび1年生の「春の校外学習」の詳細《しょうさい》が決まりましたのでお知らせします。生徒《せいと》のみなさんは参加申込書《もうしこみしょ》（別紙《べっし》）に必要事項《ひつようじこう》を記入し、保護者《ほごしゃ》の方の印鑑《いんかん》をいただいて、4月20日（木）までに担任《たんにん》に提出《ていしゅつ》してください。

記

1．目的：社会的《しゃかいてき》な視野《しや》を広げるとともに、団体《だんたい》行動を通して親睦《しんぼく》を深める。
2．行き先：箱根（神奈川県）
3．日程《にってい》：5月25日（木）8：00 新宿駅集合（18：00 解散《かいさん》予定）
4．交通手段《しゅだん》：電車・バス（現地《げんち》）
5．費用《ひよう》：13,000円（積立金《つみたてきん》より支出《ししゅつ》）
6．旅行会社：ＧＳツアーズ㈱《かぶ》

以上

ワーク1 お知らせ文を音読しましょう。

①誰《だれ》から→②誰《だれ》に宛《あ》てたお知らせ文ですか？

①：	→	②：

ワーク2 いつ、誰《だれ》が、どこへ行きますか？

① いつ：	② 誰《だれ》が：
③ どこへ：	④ 交通手段《しゅだん》は？：

ワーク3 参加申込書《さんかもうしこみしょ》はどのようにしますか？　文中に線を引いて説明《せつめい》しましょう。

ワーク4 あなたは学校の遠足、社会科見学、校外学習などでどんな場所に行きましたか？

年　月　日

（うら面）

「春の校外学習」行程《こうてい》

○5月25日（木）

8：00	新宿駅（○○線西口改札前《かいさつまえ》集合）→クラスごとに点呼《てんこ》
9：00	新宿駅発
10：15	箱根湯本駅着→バスで**箱根みらい美術館《びじゅつかん》**→芦ノ湖《あしのこ》へ
12：00	**芦ノ湖《あしのこ》**のレストランで昼食
13：15	芦ノ湖《あしのこ》前で**記念撮影《きねんさつえい》**（クラスごと）
13：30	**芦ノ湖《あしのこ》クルージング**（船に乗ります）
14：30	おみやげ・自由時間
15：30	バスで箱根湯本駅へ
16：20	箱根湯本駅発
18：00	新宿駅着　→クラスごとに解散《かいさん》

注意事項《じこう》：1）集合時間を守ること
2）当日は制服《せいふく》に名札《なふだ》をつけること
3）バスに酔《よ》う人は担任《たんにん》まで相談してください
4）班《はん》ごとにまとまって行動し、全員が楽しく参加《さんか》できるようくふうすること

ワーク5 ①「行程《こうてい》」とはどんな意味ですか？　調べて書きましょう。

② 校外学習の「行程《こうてい》」を音読しましょう。

ワーク6 ①集合②解散《かいさん》は何時ですか？

①：　　　　②：

ワーク7 ①昼食は、何時にどこでとりますか。

②記念撮影《きねんさつえい》は、何時にどこで行いますか。

ワーク8 注意事項《じこう》 1）～4）を読みましょう。またその理由について考えてみましょう。

4 「メール」「手紙」の読み取り

次のメールや手紙をよく読んで、下のワークに取り組みましょう。

＜ 新着メッセージ　∧　∨

TO　yomikaki@dokkai-work.com

件名《けんめい》：7月20日の交流試合《じあい》について

サッカー部員のみなさん
いつも練習お疲《つか》れさまです。
20日の交流試合《じあい》の対戦相手と時間、会場が決まりました。
○県立南山高校サッカー部
○7月20日（日）9：00～
○ＡＢＣフットボールセンター　です。
相手は強豪《きょうごう》チームですが、いつも通り全力を尽《つ》くしましょう。当日は部員の保護者《ほごしゃ》の方も観戦《かんせん》できます。観戦《かんせん》を希望《きぼう》される方の人数を、今月15日までにマネージャーの森さんにメールで連絡《れんらく》してください。
（mori★@ dokkai-work.com）

令和《れいわ》高校サッカー部顧問《こもん》　松本《まつもと》

ワーク1 このメールは、①誰《だれ》が→②誰《だれ》に　送りましたか。

①：　→　②：

ワーク2 交流試合《じあい》についてメールからわかることを書きましょう。

①日時：

②会場：

③対戦相手：

ワーク3 部員の保護者《ほごしゃ》が観戦《かんせん》を希望《きぼう》する場合、どうしたらよいですか。

年　　月　　日

20××年2月1日

大山健太《けんた》先生

「スプリングコンサート」のご案内《あんない》

令和《れいわ》高等学校
吹奏楽部《すいそうがくぶ》部員一同

はじめの挨拶《あいさつ》にあたる頭語

時候《じこう》の挨拶《あいさつ》

拝啓《はいけい》

寒い日が続《つづ》いておりますが、大山先生はいかがお過《す》ごしでしょうか。
わたしたち吹奏楽部《すいそうがくぶ》員は、毎日元気に練習に励《はげ》んでおります。

さて、わたしたちは来月15日(土)に本校体育館で「スプリングコンサート」を開催《かいさい》することとなりました。卒業生《そつぎょうせい》を送り出す記念《きねん》のコンサートですので、懐《なつ》かしい思い出がつまった曲をたくさん演奏《えんそう》する予定です。
つきましては昨年《さくねん》までご指導《しどう》くださった大山先生にもぜひお越《こ》しいただきたく、ご案内申《あんないもう》し上げます。

チラシとチケットを同封《どうふう》しますので、よろしくお願《ねが》いいたします。

敬具《けいぐ》

しめくくりの言葉

ワーク4 上の手紙を音読しましょう。

ワーク5 ①誰《だれ》から→②誰《だれ》に、③何のために書いた手紙ですか。

①：

②：

③：

ワーク6 「スプリングコンサート」は、①いつ②どこで開かれますか。

①いつ：

②どこで：

ワーク7 この手紙には何が同封《どうふう》されていますか。線を引きましょう。

5 「ラジオ番組」「気象情報」の読み取り

ラジオや気象情報《きしょうじょうほう》の文章を読んで、下のワークに取り組みましょう。

♪「みんなのラジオ」
今日《きょう》のテーマは「花粉症《かふんしょう》」です♪

「みんなのラジオ」の時間です。春になると人々《ひとびと》を悩《なや》ませるのが、花粉症《かふんしょう》。今年《ことし》もその季節《きせつ》がやってきました。日本人の4人に一人《ひとり》が花粉症《かふんしょう》だといいますが、**みなさまはいかがですか**。

花粉症《かふんしょう》は、スギやヒノキなどの花粉《かふん》が人の体に入ることによって引き起こされるアレルギーです。症状《しょうじょう》は鼻水、鼻づまり、目のかゆみなどで、人によって違《ちが》いがあります。花粉症《かふんしょう》のために「勉強や仕事に集中しにくい」と感じている人も多いとか。

花粉症《かふんしょう》のつらい症状《しょうじょう》を軽減《けいげん》するには、まず花粉《かふん》を体内に入れないようにすることが大事です。そのための予防《よぼう》グッズもたくさんあります。花粉《かふん》を防《ふせ》ぐためのマスクやメガネ、点鼻薬《てんびやく》のほか、花粉《かふん》が付着《ふちゃく》しにくい素材《そざい》でできた洋服や帽子《ぼうし》、花粉《かふん》をブロックするスプレーやシールもあるそうですよ。花粉症《かふんしょう》でお悩《なや》みの方はぜひ自分に合うものを見つけて、つらい季節《きせつ》を乗り越《こ》えてくださいね！

ワーク1 ラジオ番組「みんなのラジオ」を声に出して読みましょう。

ワーク2 **花粉症《かふんしょう》とは何か**を説明《せつめい》している部分に線を引いて、読みましょう。

ワーク3 **花粉症《かふんしょう》の症状《しょうじょう》を軽減《けいげん》するために大事なこと**は何ですか。

ワーク4 予防《よぼう》グッズにはどのようなものがありますか。

ワーク5 「**みなさまはいかがですか**」に答えて話してみましょう。

年　月　日

気象情報《きしょうじょうほう》

大型《おおがた》で強い台風３号は現在《げんざい》、沖縄《おきなわ》の南の海上で停滞《ていたい》しています。この後、台風はゆっくり北上し、週末《しゅうまつ》には九州に最《もっと》も近づく見込《みこ》みです。台風の動きが遅《おそ》いことで、大雨や暴風《ぼうふう》、高波などの影響《えいきょう》が長く続《つづ》くおそれがありますので、十分ご注意ください。

今日《きょう》は台風の影響《えいきょう》で、西日本は雨が降《ふ》りやすくなります。

北陸《ほくりく》から北日本は、高気圧《こうきあつ》におおわれて青空が広がるでしょう。関東《かんとう》や東海もよく晴《は》れますが夕方はにわか雨に注意が必要《ひつよう》です。

ワーク6 「気象情報《きしょうじょうほう》」を声に出して読みましょう。

ワーク7 台風3号の動きについて①現在《げんざい》　②この後を説明《せつめい》しましょう。

①現在《げんざい》

②この後

ワーク8 ①～③の天気について説明《せつめい》しましょう。

① 西日本　②北陸《ほくりく》から北日本　③関東《かんとう》や東海

ワーク9 あなたの地域《ちいき》の「今日《きょう》の天気」について説明《せつめい》してみましょう。

6 「メニュー」の読み取り

レストランの「ランチメニュー」をよく読んで、下のワークに取り組みましょう。

★ ランチメニュー ★

平日11:30～14:00限定《げんてい》 **1200円**

「Aパスタセット」「Bピザセット」からいずれか1品をお選《えら》びいただき、サイドメニュー、デザート、ドリンクを1品ずつお選《えら》びください。

A パスタセット／ナポリタン・ミートソース・明太子《めんたいこ》

B ピザセット／トマトチーズ・ハムソーセージ・魚介《ぎょかい》

★サイドメニュー：スープ・ミニサラダ

★デザート：プリン・フルーツシャーベット・バニラアイス

★ドリンク：コーヒー・紅茶《こうちゃ》・オレンジジュース
（アイスコーヒー・アイスティーは＋50円）

ワーク1 ランチメニューの説明《せつめい》について（　　　）に入る言葉を入れ、お客さまに説明《せつめい》するように読みましょう。

「ランチメニューは、（①いつ：　　　　　　）限定《げんてい》で、

いずれも（②　　　　　　）円です。

A（③　　　　　　）セットとB（④　　　　　　）セットのパスタ・

ピザからお好《す》きなものをお選《えら》びいただけます。

あわせて（⑤　　　　　　）（⑥　　　　　　）（⑦　　　　　　）

からも1品ずつお選《えら》びください。」

年　月　日

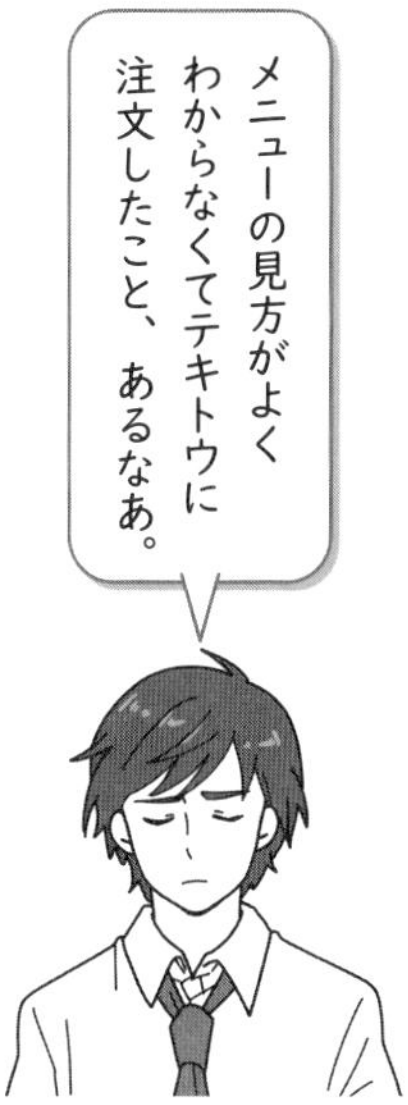
メニューの見方がよく
わからなくてテキトウに
注文したこと、あるなあ。

○ランチの注文を受けましょう。

お客さまの注文を、店員さんの立場でくり返して確認《かくにん》しましょう。

お客さま①「わたしはBのピザセットで、魚介《ぎょかい》のピザを。スープ、バニラアイス、ホットコーヒーでお願《ねが》いします。」

あなた：ご注文をくり返します。

お客さま②「わたしはAのパスタセットで明太子《めんたいこ》にします。ミニサラダとプリン、アイスティーでお願《ねが》いします。」

あなた：ご注文をくり返します。

ワーク2 メニューについて、お客さまからの質問《しつもん》①～⑤に答えましょう。

① 「パスタは、どんな種類《しゅるい》がありますか？」
② 「ピザは、どんな種類《しゅるい》がありますか？」
③ 「サイドメニューは、どんな種類《しゅるい》がありますか？」
④ 「デザートには、どんな種類《しゅるい》がありますか？」
⑤ 「アイスコーヒーにすることは、できますか？」

Restaurant
Restaurant

ワーク3 もしもあなただったら何を注文しますか。

（ A ・ B ／ 　　　　 ）セット

サイドメニュー ＋ デザート ＋ ドリンク

7 「表」の読み取り（数字）

3年2組で調べた「高い山・長い川ランキング」とスマホ使用時間の調査《ちょうさ》結果《けっか》を読み取って、下のワークに取り組みましょう。

高い山・長い川ランキング

	世界		日本	
	山	川	山	川
1位《い》	**エベレスト** （中国・ネパール） 8,848m	**ナイル川** （エジプトなど） 6,695km	**富士山《ふじさん》** （静岡《しずおか》・山梨《やまなし》） 3,776 m	**信濃川《しなのがわ》** （新潟《にいがた》・長野） 367km
2位《い》	**K 2** （パキスタンなど） 8,611 m	**アマゾン川** （ブラジルなど） 6,516km	**北岳《きただけ》** （　ア　） 3,193 m	**利根川《とねがわ》** （群馬《ぐんま》など1都5県） 322km
3位《い》	**カンチェンジュンガ** （ネパールなど） 8,586 m	**長江《ちょうこう》** （中国） 6,380km	**奥穂高岳《おくほたかだけ》** （長野・岐阜《ぎふ》） 3,190 m	**石狩川《いしかりがわ》** （　イ　） 268km

ワーク1 「高い山」について（　）に山の名前・数字を入れて読みましょう。

世界一高い山は（①　　　　　　　）で、高さは（②　　　　　）m。
次いで（③　　　　　　　）、（④　　　　　　　）です。
日本一高い山は（⑤　　　　　　　）で高さは（⑥　　　　　）m。
次いで（⑦　　　　　　　）、（⑧　　　　　　　）です。

ワーク2 「長い川」について（　）に川の名前・数字を入れて読みましょう。

世界一長い川は（①　　　　　　　）で、長さは（②　　　　　）km。
次いで（③　　　　　　　）、（④　　　　　　　）です。
日本一長い川は（⑤　　　　　　　）で、長さは（⑥　　　　　）km。
次いで（⑦　　　　　　　）、（⑧　　　　　　　）です。

ワーク3 （ア）（イ）に入る都道府県《とどうふけん》を調べて書きましょう。

（ア）　　　　（イ）

あなたが住んでいる都道府県《とどうふけん》にある山や川についても調べてみましょう。

年　月　日

1日にスマホを見る時間はどのくらい？

（桜《さくら》高等学校・3年2組調査《ちょうさ》）

時間（分）	人数（人）
0～30未満《みまん》	2
30以上～60未満《みまん》	4
60以上～90未満《みまん》	14
90以上～	12
合計	32

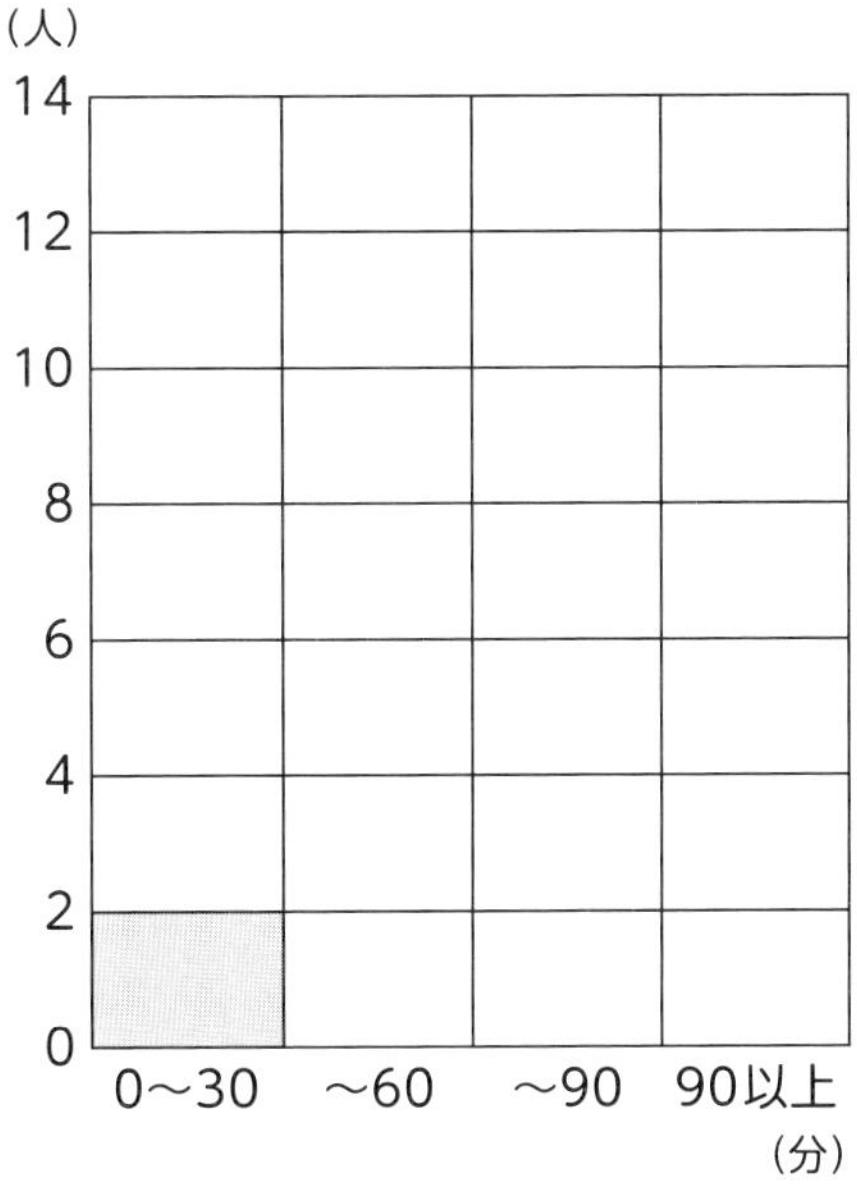

ワーク4 上の左の表をよく見て、それぞれの人数をグラフに表してみましょう。

ワーク5 最《もっと》も多かった時間と人数を書きましょう。

①時間：	②人数：

ワーク6 最《もっと》も少なかった時間と人数を書きましょう。

①時間：	②人数：

ワーク7 あなたのスマホ利用《りよう》時間はどこに入りますか？　表に書き足してみましょう。

ワーク8 あなたがスマホの料金《りょうきん》や利用《りよう》時間について、保護者《ほごしゃ》や先生と決めていることがあれば話してみましょう。

8 「ごみの分別表」の読み取り

花咲市《はなさき》の「ごみの分別《ぶんべつ》」のルールについて読み取り、下のワークに取り組みましょう。

ごみの分別表《ぶんべつひょう》（花咲市《はなさきし》）

ごみの区分	使用する袋《ふくろ》・出し方	収集日《しゅうしゅうび》
燃《も》やすごみ	「燃《も》やすごみ用」指定袋《していぶくろ》（緑のライン）に入れて出す。	月・水・金
プラスチック製《せい》容器《ようき》・包装類《ほうそうるい》	「プラスチックごみ用」指定袋《していぶくろ》（黒のライン）に入れて出す。	火・木
燃《も》やさないごみ	「燃《も》やさないごみ用」指定袋《していぶくろ》（ピンクのライン）に入れて出す。	土
有害《ゆうがい》ごみ	透明《とうめい》の袋《ふくろ》に入れて出す。	土
紙類《かみるい》	新聞紙、雑誌《ざっし》、段《だん》ボール、紙パックなど品目ごとに束《たば》ねてひもで十文字に縛《しば》って出す。	月
ビン	透明《とうめい》の袋《ふくろ》に入れて出す。	土
カン	透明《とうめい》の袋《ふくろ》に入れて出す。	土
ペットボトル	収集場《しゅうしゅうじょう》にあるかごに入れる。	月
大型《おおがた》ごみ	電話・インターネットで事前申《もう》し込《こ》み（012-×××-○○○○）。	随時《ずいじ》

ワーク1 ①「指定袋《していぶくろ》」の種類《しゅるい》をすべて書いて読みましょう。

②指定袋《していぶくろ》は何種類《なんしゅるい》ありますか？　（　　　　　）種類《しゅるい》

ワーク2 毎週土曜日に収集《しゅうしゅう》されるごみをすべて書きましょう。

ワーク3 新聞紙は、何曜日に、どのようにして出しますか。

年　　月　　日

○正しい分別《ぶんべつ》をしましょう。

【燃《も》やすごみ】 ・生ごみ　・革製品《かわせいひん》（靴《くつ》など） ・紙くず　・紙おむつ ・廃油《はいゆ》　・保冷剤《ほれいざい》 ・容器包装類以外《ようきほうそうるいいがい》のプラスチック製《せい》品《ひん》（DVDなど） ・リサイクルできない布類《ぬのるい》　など	【プラスチック製容器《せいようき》・包装類《ほうそうるい》】 ・プラスチックごみ　・キャップ類《るい》 ・ボトル類《るい》　・トレイ類《るい》 ・カップ、チューブ類《るい》　・ポリ袋《ぶくろ》 ・発泡《はっぽう》スチロール　など
【燃《も》やさないごみ】 ・鍋《なべ》　・やかん　・フライパン ・傘《かさ》　・食器《しょっき》　・割《わ》れたガラス ・使い捨《す》てカイロ ・ドライヤー　など	【有害《ゆうがい》ごみ】 ・乾電池《かんでんち》　・水銀体温計 ・蛍光管《けいこうかん》 ・リサイクルマークのない充電式《じゅうでんしき》電池　など

＊携帯《けいたい》電話、スマートフォンはショップで回収《かいしゅう》しています。

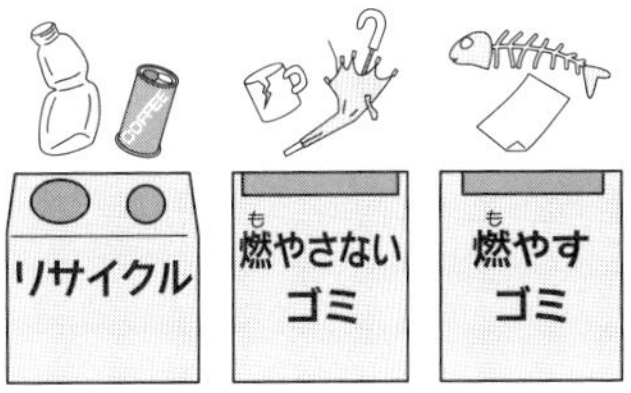

ワーク4　76・77ページの表をもとに次のごみを分別《ぶんべつ》してみましょう。

① 鼻をかんだティッシュペーパー　→（　燃《も》やすごみ　）
② 目覚《めざ》まし時計《どけい》に入っていた電池　→（　　）
③ 飲み終わったお茶のペットボトル　→（　　）
④ みかんの皮　→（　　）
⑤ ポテトチップスの袋《ふくろ》（プラ）　→（　　）
⑥ ジャムが入っていたビン　→（　　）

ワーク5　「布団《ふとん》」は大型《おおがた》ごみです。どのように出したらよいか説明《せつめい》しましょう。

ワーク6　あなたの家庭、自治体では、どのようなごみ出しのルールがありますか。調べたり話したりしてみましょう。

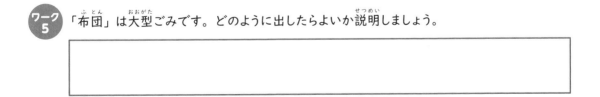

9 「保証書」「説明書」の読み取り

まなぶさんがワイヤレスイヤホンを買ったら「保証書《ほしょうしょ》」や「説明書《せつめいしょ》」がついていました。よく読んで、下のワークに取り組みましょう。

保《ほ》証《しょう》書《しょ》

● **保証《ほしょう》期間：**お買い上げ日から１年間です。

保証《ほしょう》期間（20××）年（ 9 ）月（ 1 ）日まで
店名：HAMANO電機《でんき》　花咲店《はなさきてん》　HAMANO 電機之印

● **保証《ほしょう》期間中の故障《こしょう》・修理《しゅうり》**

販売店《はんばいてん》に必《かなら》ずこの保証書《ほしょうしょ》をお持ちください。保証《ほしょう》の規定《きてい》に従《したが》って修理《しゅうり》させていただきます。ただしお客さまの過失《かしつ》による故障《こしょう》の場合は、保証《ほしょう》の対象外《たいしょうがい》となりますのでご注意ください。

● **保証《ほしょう》期間が過《す》ぎているとき**

修理《しゅうり》して使用できる場合には、ご希望《きぼう》により有料《ゆうりょう》で修《しゅう》理《り》させていただきます。

ワーク1 ワイヤレスイヤホンは、どこで買ったのでしょうか。

ワーク2 保証《ほしょう》期間はいつまでですか？

20××年（　　　）月（　　　）日まで

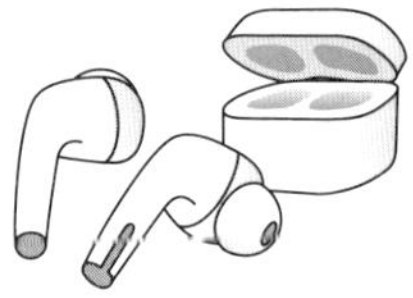

ワーク3 ①保証《ほしょう》期間内に故障《こしょう》した場合、どうしたらよいですか。

②修理《しゅうり》の対象外《たいしょうがい》となるのはどんな場合ですか。上の文中に線を引きましょう。

ワーク4 保証《ほしょう》期間を過《す》ぎて故障《こしょう》した場合は、どうなりますか。

年　月　日

危険《きけん》　ご注意ください

リチウムイオン電池（充電式《じゅうでんしき》電池）について

本品の電池は、リチウムイオン電池です。
以下《いか》のことは破裂《はれつ》・発火・感電・けがの原因《げんいん》となります。

・電池は、本機《ほんき》以外《いがい》の機器《きき》には接続《せつぞく》しない
・金属《きんぞく》と一緒《いっしょ》に持ち運んだり保管《ほかん》したりしない
（ネックレス・ヘアピン、かぎなど）
・踏《ふ》みつけるなど強い衝撃《しょうげき》を加《くわ》えたり投げたりしない
・火気に近づけない
・ヒーターのそば、直射《ちょくしゃ》日光の当たる場所、炎天下《えんてんか》の車内など高温の場所に置《お》かない
・水につけたりかけたりしない

万一電池内の液体《えきたい》が目に入った場合は、目をこすらずに、すぐに水道水などのきれいな水で十分に洗《あら》い、直《ただ》ちに医師《いし》に相談《そうだん》すること。

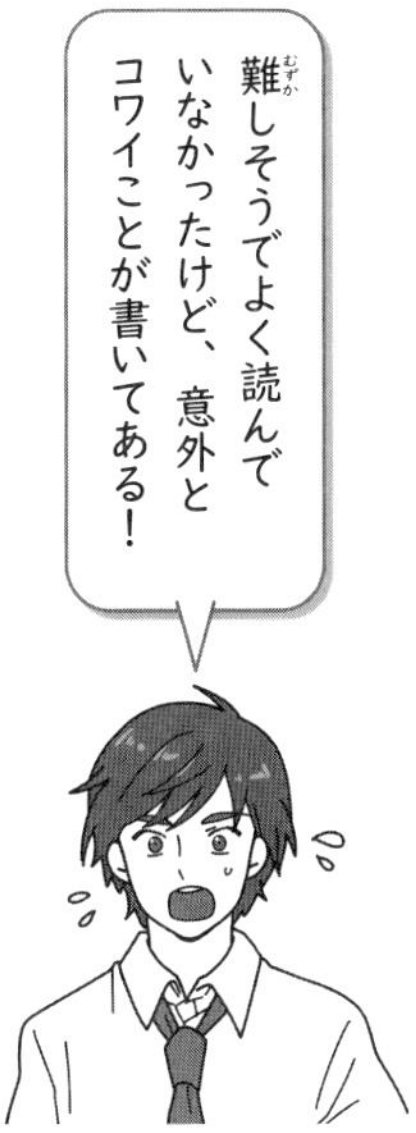
難《むず》しそうでよく読んでいなかったけど、意外とコワイことが書いてある！

ワーク5 **リチウムイオン電池**は、スマホや家電製品《せいひん》に使用されている充電式《じゅうでんしき》の電池です。
身のまわりのどんなものに使われているか、調べてみましょう。
〈例《れい》〉携帯《けいたい》電話、ノートパソコンなど

ワーク6 「〜しない（してはいけない）」こと（6項目《こうもく》）を、声に出して読みましょう。

ワーク7 万一、電池内の液体《えきたい》が目に入った場合は、どうすればよいですか？
大事な部分に線を引いて読みましょう。

ワーク8 ほかにもいろいろな製品《せいひん》の「保証書《ほしょうしょ》」や「説明書《せつめいしょ》」を探して、読んでみましょう。

第4章 英語

英単語《えいたんご》、たくさんありすぎ！
英語《えいご》で話すのは好《す》きなんだけど、読むのは超《ちょう》苦手。日本語だって大変《たいへん》なのに。
大丈夫！　あなたに合う手がかりを見つけて、まず読んでみることから始めましょう！

「いま」をチェック

- □ローマ字を正しく読める・ローマ字入力ができる
- □アルファベットの大文字・小文字が正しく読める
- □英単語《えいたんご》は単語《たんご》カードを作るなどくふうして覚《おぼ》えている
- □教科書にカタカナで読みがなを書くなどくふうしている
- □電子辞書《じしょ》やアプリで知らない英単語《えいたんご》を調べることができる

【先生・保護者の方へ】

文字や文章を読むことが苦手な生徒にとって、英語は日本語よりさらに難しく感じられます。英語は文字の綴りと発音に複雑な決まりがあって、文字から音が浮かびにくいこともその理由の一つです。この章ではまず「いろいろな英語を読んでみる」ことを目的とし、読みがなも多く入れました。声に出して読んでみることを入り口に、どのような支援があれば英語に取り組みやすくなるかを、一緒に考えるきっかけにしていただきたいと思います。

※英語に親しみやすいよう、英単語にはカタカナで読みがなをふっています。また、強く読む部分は太字で表記しています。

指導・支援のポイント

○英単語や短文などを、一緒に読んでみる
○発音が難しい単語は、読みがなを書いてもよいこととする
○重要な英単語はオリジナルのカードを作り（→90ページ）、くり返し読みながら覚えてみる
○アプリや電子辞書などを活用する

チャレンジ

① 次のローマ字を読んで、読めたものを丸でかこみましょう。

sensei	kokugo	eigo	gakko	jugyo
shugakuryoko	benkyo	yoshu	fukushu	kyushoku

② ローマ字で自分の名前を書きましょう。

③ Ｉ字ずつ読んで、読めたものを丸でかこみましょう。

A K S I N L D U C P M Y

H R G Q Z W E X B F J O T V

④ Ｉ字ずつ読んで、読めたものを丸でかこみましょう。

b s i o n j m p w u h

c v d x r e f z g k l a q t y

⑤ 形が似《に》ているアルファベットに注意して読みましょう。

C D G U O Q

M W N V Y U

d b p q a o

n h l i m f t

1 数字・月と曜日

「数字」「曜日」「月」を表す英単語《えいたんご》を読んで、下のワークに取り組みましょう。

○「数字」を表す英単語《えいたんご》を読みましょう。

one《ワン》 1	two《トゥー》 2	three《スリー》 3	four《フォー》 4	five《ファイヴ》 5
six《スィックス》 6	seven《セヴン》 7	eight《エイト》 8	nine《ナイン》 9	ten《テン》 10
eleven《イレヴン》 11	twelve《トウェルヴ》 12	thirteen《サーティーン》 13	fourteen《フォーティーン》 14	
fifteen《フィフティーン》 15	sixteen《スィックスティーン》 16	seventeen《セヴンティーン》 17		
eighteen《エイティーン》 18	nineteen《ナインティーン》 19	twenty《トウェンティ》 20		

ワーク1 次の数字を英語《えいご》で言いましょう。

1	5	8	2	10	7	6	3	9	4

ワーク2 次の数字を英語《えいご》で言いましょう。

11	18	12	17	13	16	15	20	19	14

ワーク3 「How《ハウ》 old《オールド》 are《アー》 you《ユー》? ／あなたは何歳《なんさい》ですか？」に答えて読みましょう。

I'm《アイム》(I am《アイアム》) (　　　　　　) years《イアーズ》 old《オールド》.（わたしは～歳《さい》です。）

年　　月　　日

○「曜日」を表す英単語《えいたんご》を読みましょう。

Monday《マンディ》 月	Tuesday《チューズディ》 火	Wednesday《ウェンズディ》 水	Thursday《サーズディ》 木
Friday《フライディ》 金	Saturday《サタディ》 土	Sunday《サンディ》 日	

○「月」を表す英単語《えいたんご》を読みましょう。

January《ジャニュアリー》 1月	February《フェブラリー》 2月	March《マーチ》 3月	April《エイプリル》 4月	
May《メイ》 5月	June《ジューン》 6月	July《ジュライ》 7月	August《オウガスト》 8月	September《セプテンバー》 9月
October《オクトウバー》 10月	November《ノウヴェンバー》 11月	December《ディッセンバー》 12月		

ワーク 4 ① 次の曜日を英語《えいご》で言いましょう。

月	金	火	土	水	日	木

② 今日《きょう》は何曜日ですか？　英語《えいご》で言いましょう。

Today《トゥデイ》 is《イズ》 (　　　　　　　　). (今日《きょう》は～です。)

ワーク 5 ① 次の月を英語《えいご》で言いましょう。

2月	5月	8月	12月	4月	1月

②今月は何月ですか？　英語《えいご》で言いましょう。

This《ディス》 month《マンス》 is《イズ》 (　　　　　　　　). (今月は～です。)

2 色・食べ物

「色」や「食べ物」を表す英単語《えいたんご》を読んで、下のワークに取り組みましょう。

○色を表す単語《たんご》を読んで、何色かを言いましょう。

green《グリーン》	red《レッド》	blue《ブルー》
pink《ピンク》	yellow《イェロウ》	black《ブラック》
white《ホワイト》	orange《オレンジ》	brown《ブラウン》
purple《パープル》		

ヒント：白・赤・オレンジ色・ピンク色・黄色・緑・青・紫《むらさき》・茶色・黒

ワーク1 次の英単語《えいたんご》を読んで、色を言いましょう。

yellow	white	red	green	blue

ワーク2 次の英語《えいご》を読んで、（　　　）に日本語を入れましょう。

① brown《ブラウン》 hair《ヘア》 →（　　　　　　　　　）髪《かみ》の毛

② white《ホワイト》 bag《バァッグ》 →（　　　　　　　　　）かばん

ワーク3 「What《ワット》 color《カラー》 do《ドゥー》 you《ユー》 like《ライク》?／あなたは何色が好《す》きですか?」に答える文を作って読みましょう。

I like《アイライク》（　　　　　　　　　　）.（わたしは～色が好《す》きです。）

年　　月　　日

○食べ物や飲み物を表す英単語《えいたんご》を読みましょう。

spaghetti《スパゲティー》	pizza《ピツァ》	steak《ステイク》
curry《カリー》 and《アンド》 rice《ライス》	salad《サラダ》	soup《スープ》
bread《ブレッド》	cake《ケイク》	yogurt《ヨーグルト》
ice《アイス》 cream《クリーム》	pudding《プディング》	chocolate《チョコレート》
orange《オレンジ》 juice《ジュース》	coffee《コーヒー》	water《ウォーター》

ワーク4 次の文を読んで、意味を言いましょう。

① I《アイ》 like《ライク》 cake.（わたしは～が好《す》きです。）

② You《ユー》 like《ライク》 spaghetti.（あなたは～が好《す》きです。）

ワーク5 「1つ」「2つ」と数えられるものは「s」などをつけて**複数形《ふくすうけい》**で表します。
次の食べ物を複数形《ふくすうけい》で読んで、意味を言いましょう。

bananas《バナナズ》 / hamburgers《ハンバーガーズ》 / rice《ライス》 balls《ボールズ》

ワーク6 「What《ワット》 food《フード》 do《ドゥー》 you《ユー》 like《ライク》? ／あなたの好《す》きな食べ物は何ですか？」に答えて、
あなたの好《す》きな食べ物を日本語と英語《えいご》で言ってみましょう。

日本語：	英語《えいご》：

3 挨拶・自己紹介

「挨拶《あいさつ》」や自己紹介《じこしょうかい》の英文《えいぶん》を読んで、下のワークに取り組みましょう。

○英語《えいご》の挨拶《あいさつ》を読んで、日本語の意味と線で結《むす》びましょう。

Good《グッ》 morning《モーニング》. ●	● はじめまして。
How《ハウ》 are《アー》 you《ユー》? ●	● お元気ですか。
I'm《アイム(I am)》 fine《ファイン》, thank you《サンキュー》. ●	● どういたしまして。
Nice《ナイス》 to《トゥ》 meet《ミート》 you《ユー》. ●	● おはようございます。
Thank you《サンキュー》 very《ヴェリ》 much《マッチ》. ●	● 元気です、ありがとう。
You're《ユア》 welcome《ウェルカム》. ●	● どうもありがとうございます。

ワーク1 次の挨拶《あいさつ》を読んで、意味を言いましょう。

① Good《グッ》 afternoon《アフタヌーン》.	② Good《グッ》 night《ナイト》.
③ Hello《ハロウ》.	④ Hi《ハイ》.

ワーク2 先生や友達《ともだち》と英語《えいご》で挨拶《あいさつ》をしてみましょう。

① 「おはようございます。」

② 「お元気ですか。」

③ 「どうもありがとう。」

④ 「どういたしまして。」

⑤ 「はじめまして。」

年　　月　　日

○下の自己紹介《じこしょうかい》を読み、(　　) 内に読みがなを入れてみましょう。

Self《セルフ》-introduction《イントロダクション》(自己紹介《じこしょうかい》)

I'm《アイム(I am)》 Manabu《(　　)》.
(わたしは～です。)

I'm《アイム(I am)》 a《ア》 high《ハイ》 school《スクール》 student《ステューデント》.
(わたしは高校生です。)　(中学生：junior《ジュニア》 high school student)

I《アイ》 live《リヴ》 in《イン》 Tokyo《(　　)》.
(わたしは～に住んでいます。)

I《アイ》 like《ライク》 cooking《クッキング》.
(わたしは料理をするのが好《す》きです。)

ワーク3 上の自己紹介《じこしょうかい》を、読みがなのない文で読んでみましょう。

I'm Manabu. I'm a high school student.

I live in Tokyo. I like cooking.

ワーク4 あなたも自己紹介《じこしょうかい》文を作って読みましょう。

I'm《アイム》 (　　　　　　　　　　).

I《アイ》 live《リヴ》 in《イン》 (　　　　　　　　　　).

I《アイ》 like《ライク》 (　　　　　　　　　　).

I like baseball《ベイスボール》.

4 文章を読む

英語《えいご》の文章を読んで、下のワークに取り組みましょう。

Four《フォー》 seasons《シーズンズ》 in《イン》 Japan《ジャパン》.（日本の四季《しき》）

There《ゼア》 are《アー》 four《フォー》 seasons《シーズンズ》 in《イン》 Japan《ジャパン》.
In《イン》 spring《スプリング》, *cherry《チェリー》 blossoms《ブラッサムズ》 bloom《ブルーム》.
In《イン》 summer《サマー》, you《ユー》 can《キャン》 go《ゴウ》 swimming《スウィミング》 in《イン》
the《ザ》 sea《シー》. In《イン》 fall《フォール》, you《ユー》 can《キャン》 enjoy《エンジョイ》 the《ザ》
beautiful《ビューティフル》 *fall《フォール》 leaves《リーブズ》. In《イン》 winter《ウィンター》,
snow《スノウ》 *falls《フォールズ》 in《イン》 many《メニー》 parts《パーツ》 of《オブ》 Japan《ジャパン》.

＊ cherry blossoms（桜の花）　＊ fall leaves（紅葉）
＊ fall (falls)（降る）　＊ in many parts（多くの地域で）

ワーク1 上の文章を、読みがなのない文で読んでみましょう。

There are four seasons in Japan. In spring, cherry blossoms bloom. In summer, you can go swimming in the sea. In fall, you can enjoy the beautiful fall leaves. In winter, snow falls in many parts of Japan.

読みやすいようにくふうしてみましょう。

ワーク2 「four《フォー》 seasons《シーズンズ》／4つの季節《きせつ》」を英語《えいご》で書いて読みましょう。

ワーク3 「Which《ウィッチ》 season《シーズンズ》 do《ドゥ》 you《ユー》 like《ライク》?／あなたはどの季節《きせつ》が好《す》きですか?」に答える文を作って読みましょう。

I《アイ》 like《ライク》（　　　　　　　　　　　　）.（わたしは～が好《す》きです。）

年　月　日

Famous《フェイマス》 things《シングス》 about《アバウト》 Japan《ジャパン》.（日本の有名なもの）

Japan《ジャパン》 has《ハズ》 many《メニー》 famous《フェイマス》 foods《フーズ》 *such《サッチ》 as《アズ》 tempura《(　)》, sushi《(　)》, and《アンド》 sukiyaki《(　)》.

Mt.《マウント》 Fuji《(　)》, Tokyo《(　)》Tower《タワー》, *temples《テンプルズ》 and《アンド》 *hot《ホット》 springs《スプリングス》 are《アー》 *also《オールソウ》 *popular《ポピュラー》.

Japanese《ジャパニーズ》 manga《(　)》 and《アンド》 anime《(　)》 are《アー》 also《オールソウ》 *famous《フェイマス》 *worldwide《ワールドワイド》.

（　）内の読みがなは自分で入れてみよう。

* such as（～のような）　* temple（temples　寺）　* hot spring（hot springs　温泉《おんせん》）
* also（～もまた）　* popular（人気）　* famous（有名）　* worldwide（世界的《せかいてき》に）

読みやすいようにくふうしてみましょう。

ワーク4 上の文章を読みがなのない文で読んでみましょう。

Japan has many famous foods such as tempura, sushi, and sukiyaki. Mt. Fuji, TokyoTower, temples and hot springs are also popular. Japanese manga and anime are also famous worldwide.

ワーク5 「日本の有名なもの」としてどんなものがあげられていますか？
文中から抜《ぬ》き出して書き、読みましょう。

I love《ラヴ》 anime!

【読み方カード】を作りましょう

ワークで読み方を調べた漢字や英語《えいご》は、その後も復習《ふくしゅう》できるよう、カードにしておきましょう。読み方だけでなく、ヒントとなるイラストや、一緒《いっしょ》に覚《おぼ》えたいことを書いておくのもよいでしょう。マーカーで色をつけるなどして「自分がわかりやすい」「自分が覚《おぼ》えやすい」カードをくふうしてみてください。

〈例《れい》〉

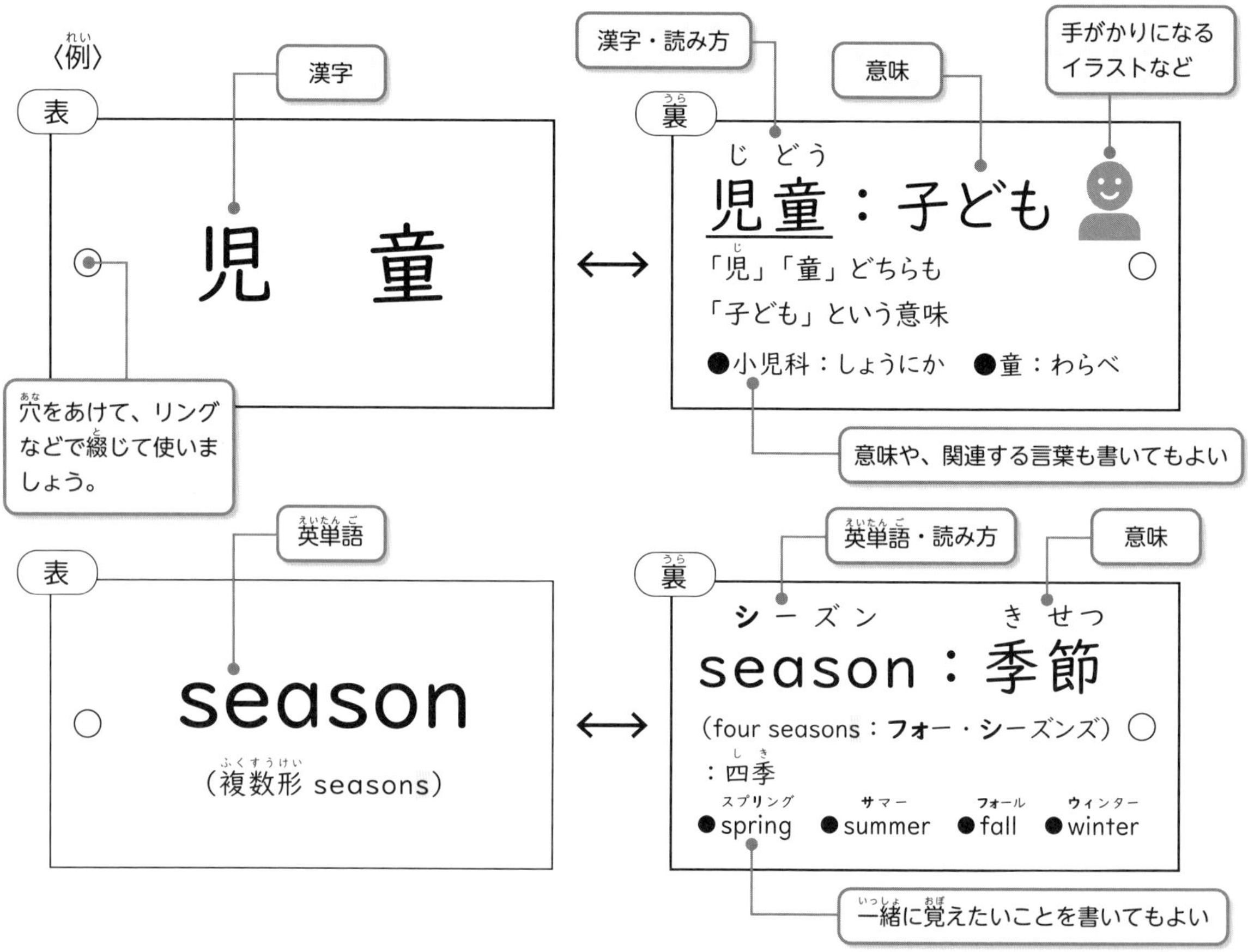

●オリジナル「読み方カード」（PDF）

https://www.gakuji.co.jp/gakushu_support_kotoba/

使用方法《ほうほう》：プリンターで印刷《いんさつ》して切り取って使用します。自分だけの読み方カードを作りましょう！

※PDFファイルの利用には Adobe Acrobat Reader（無償《むしょう》）をお使いのパソコンにインストールする必要があります。

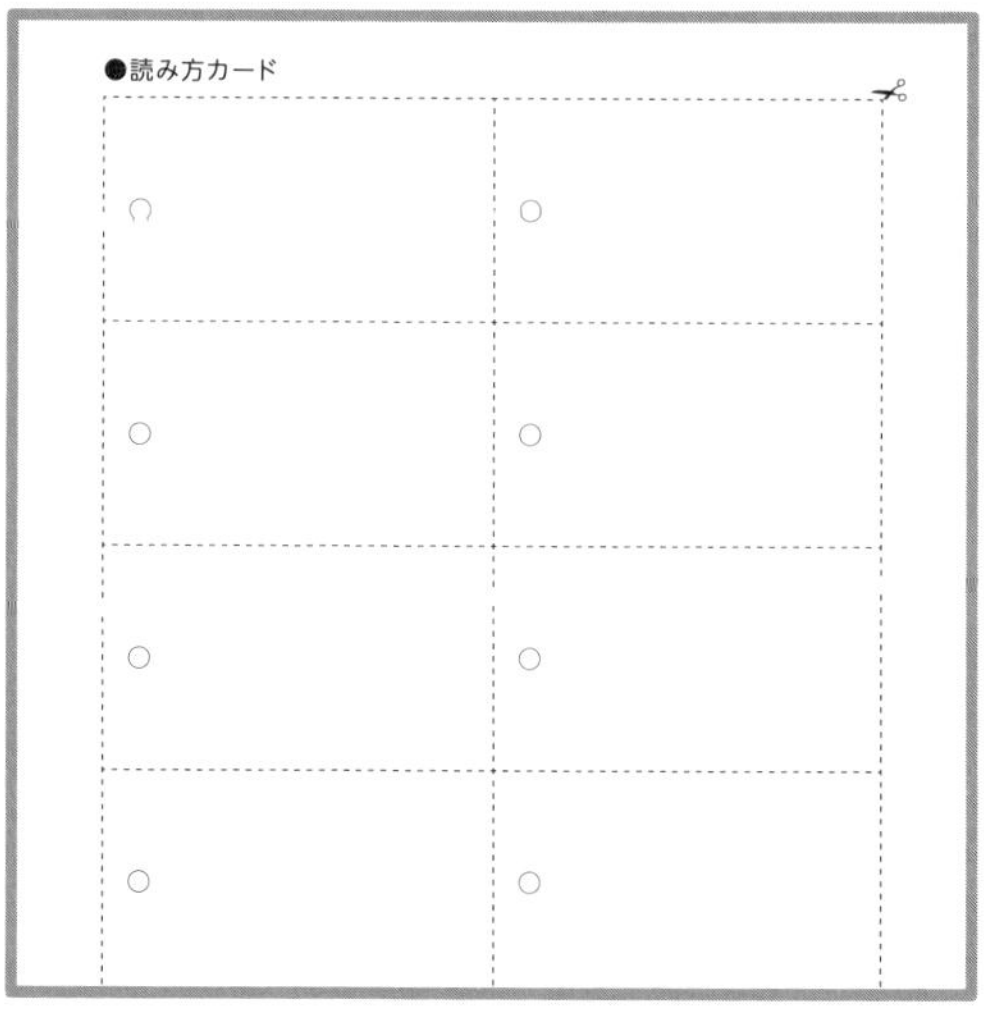

【言葉リスト】を作りましょう

意味を調べた言葉を後からもくり返し確認《かくにん》できるよう、リストにしておきましょう。

意味だけでなく、「どんな使い方をするのか」、例文《れいぶん》を作っておくと日常《にちじょう》生活にも活用しやすくなりますよ。知っている言葉、使える言葉を少しずつ増《ふ》やしていきましょう。

〈例《れい》〉

読み方も書いておく

調べたことをそのまま書くのではなく、自分にわかりやすいように書いておく。

言葉・読み方	意味	使い方（例文《れいぶん》）
調味料 （ちょうみりょう）	料理《りょうり》の味をととのえる働《はたら》きをするもの。 食塩《しょくえん》、砂糖《さとう》、酢《す》、しょうゆ、ソースなど。	・料理《りょうり》に必要《ひつよう》な調味料《ちょうみりょう》を準《じゅん》備《び》する。 ・「調味料《ちょうみりょう》を取ってください。」
コミュニケーション	人がお互《たが》いに情報《じょうほう》、意思、感情《かんじょう》などを伝達《でんたつ》・共有《きょうゆう》すること。言葉や文字、その他の手段《しゅだん》によって行う。	・友だちとのコミュニケーションを大切にしている。 ・職場《しょくば》でのコミュニケーションは重要《じゅうよう》だ。

日常《にちじょう》生活や会話の中で使えるような文にしてみる。

●オリジナル「言葉リスト」（PDF）

https://www.gakuji.co.jp/gakushu_support_kotoba/

使用方法《ほうほう》：プリンターで印刷《いんさつ》して切り取って使用します。自分だけのオリジナルカードを作りましょう！

●言葉リスト

言葉・読み方	意味	使い方（例文《れいぶん》）

※PDFファイルの利用にはAdobe Acrobat Reader（無償《むしょう》）をお使いのパソコンにインストールする必要があります。

解答

第1章　言葉のきまり

2（14ページ）ワーク1 ①花が　咲《さ》く　②電車が　走る　③わたしが　話す

3（17ページ）ワーク4 ①丁　②軒《けん》　③足　④頭　⑤脚《きゃく》

4（18ページ）ワーク1 ①着る　②走る　③働《はたら》く　④書く　⑤読む　ワーク3 ①話さない　②話します　③話す　④話すこと　⑤話せば　⑥話せ

5（20ページ）ワーク1 ①速い　②やさしい　③黒い　④うれしい　ワーク4 ①楽しかろう　②楽しかった　③楽しくなる　④楽しい　⑤楽しいので　⑥楽しければ

6（22ページ）ワーク1 ①便利《べんり》だ　②親切だ　③安全だ　④きれいだ　⑤積極的《せっきょくてき》だ　ワーク3 ①元気だろう　②元気だった　③元気で　④元気に　⑤元気だ　⑥元気なとき　⑦元気ならば　ワーク4 (例《れい》) 昨日《きのう》買ったとうもろこしは新鮮《しんせん》だった。

7（25ページ）①でも　②なぜなら　③そこで　④すると

8（26ページ）ワーク1 ①おっしゃる　②いらっしゃる　③召《め》し上がる　④ご覧《らん》になる　⑤いらっしゃる　ワーク2 ①召《め》し上がる　②伺《うかが》う　③申《もう》し上げる　④拝見《はいけん》する　ワーク3 (例《れい》)①あちらにいらっしゃるのは、どなたですか？　②校長先生、こちらにおかけください。　③こちらは、先生のご本ですか？　④先輩《せんぱい》、お弁当《べんとう》を召《め》し上がりましたか？　⑤校長先生に、お花を差《さ》し上げる。

9（28ページ）ワーク1 ①右　②黒　③負　④長　⑤明　⑥往《おう》　ワーク2 ①少　②始　③画　④飲　⑤応《おう》　⑥永《えい》

（29ページ）❷一（期《ご》）一（会《え》）／一（石《せき》）二（鳥《ちょう》）／十（人《にん》）十（色《いろ》）／四（苦《く》）八（苦《く》）／（唯《ゆい》）一（無《む》）二

第2章　文章読解

（31ページ）チャレンジ ①（いつ）来週の月曜日から木曜日まで（何がある）期末《きまつ》テスト　②登校時間がいつもより十分早まり八時十分になるので、遅《おく》れないようにする。

2（34ページ）ワーク1 ①「はきものを」ぬぐ。　②「きものを」ぬぐ。　ワーク2 ①天気予報《よほう》です。明日は全国的《ぜんこくてき》によい天気で、あたたかい一日になるでしょう。日中は汗《あせ》ばむ陽気《ようき》になりますが、夕方から気温が下がってきます。　②むかしむかしあるところに、よく働《はたら》くおじいさんとおばあさんがいました。ある夜のことです。一人の旅人がたずねてきて、「おなかがすいて立っていることもできません。今晩《こんばん》一晩《ひとばん》だけ泊《と》めていただけないでしょうか。」と言いました。　ワーク4 ①兄　②お母さん

3（36ページ）中（チュウ／なか）高（コウ／たか〔い〕）読（トウ・ドク／よ〔む〕）書（ショ／か〔く〕）※他の読み方もあります。　ワーク2 ①どくしょ　②かいぜん　③すいとう　④ちんたい　⑤もしゃ　⑥えがお　⑦かぜ　⑧しぐれ　⑨なだれ　⑩まじめ

4（38ページ）ワーク1 ①バスで／学校へ／通う。　②わたしは／料理《りょうり》が／得意《とくい》です。　③教科書の／五ページを／開く。　④明日は／雪が／降《ふ》る。　⑤修学《しゅうがく》旅行で／ハワイへ／行く。

（39ページ）だれが：兄　いつ：水曜日　どこに行く：サッカー教室　ワーク3 ①長所：明るく／元気な　短所：少し／気が／短い　②いつ：月曜日　どこで：体育館　だれが：演劇部《えんげきぶ》　何をする：リハー

サル

5

（40ページ）**ワーク1** ①分別《ぶんべつ》して整える　②いるものといらないものを分けて、不要《ふよう》なものを処分《しょぶん》すること。③きれいに整えること。②中身を定期的《ていきてき》に整理する。**ワーク2** ①置《お》き場を決めておいて、使ったら必《かなら》ず戻《もど》す。②（予定が）自分の文字で「見える化」される（から。）**ワーク4** ①テスト／学校行事　**ワーク5** ①その日にあった出来事や思ったこと　②（日々の出来事や自分の気持ちを）振《ふ》り返ることができる（から。）

6

（42ページ）**ワーク2** ①滋《し》賀《が》県《けん》の真ん中　②四百万年以上《いじょう》前　③約《やく》六百七十平方キロメートル（滋《し》賀《が》県《けん》の面積の）約《やく》六分の一（にあたる。）**ワーク3** ①豊《ゆた》かな水　②生息するたくさんの生き物　**ワーク4** 今も美しい景色《けしき》を求めて多くの観光客《かんこうきゃく》が訪《おとず》れ、琵琶湖《びわこ》の自然《しぜん》を守る活動も活発に行われる　**ワーク6** ①（伝達《でんたつ》とは）会話や文字を使ってさまざまな情報《じょうほう》を伝《つた》えたり受け取ったりする（ことだ。）②（直接《ちょくせつ》会って話す他に）電話やSNS、メール、オンライン会議（などいろいろな方法《ほうほう》。）**ワーク7** お互《たが》いの気持ちや感情《かんじょう》など、目には見えない心の動きを理解《りかい》し共有すること　**ワーク8** ①伝達《でんたつ》　②共有

7

（44ページ）**ワーク3** 「多様性《たようせい》を大事にする社会にしたい」「障害《しょうがい》の有無《うむ》、性別《せいべつ》の違《ちが》い、国籍《こくせき》などにかかわらず誰《だれ》もが生きやすい世の中になってほしい」**ワーク4** そのため　**ワーク5** （大多数の人）問題なく使える（目の不自由《ふじゆう》な人）大変不便《たいへんふべん》　**ワーク6** 少数派《しょうすうは》である人

8

（46ページ）**ワーク2** 人間の頭脳《ずのう》のように考えることができる新しいコンピューター技術のこと。**ワーク3** ①あらかじめ決められた手順に従《したが》って動く。②自ら学習してどんどん賢《かしこ》くなる。**ワーク4** （例《れい》）「機械《きかい》学習」だけでなく、人間の脳《のう》の働《はたら》きに近い「深層《しんそう》学習」という新しい学習方法も出てきており、AIはさぼることも投げ出すこともなく長時間学習できるから。**ワーク5** 4　**ワーク6** ゼロから自由な発想で創造《そうぞう》すること。**ワーク7** ①発明　②芸術《げいじゅつ》　③情報《じょうほう》　④学習　**ワーク8** わたしたちはAIに使われる未来ではなく、人間の創造力《そうぞうりょく》をもって、AIを活用できる未来をつくっていくべきなのだ。

9

（48ページ）**ワーク2** （電車や歴史に関《かん》することなど、）大好《だいす》きでたまらないことをまわりの人にたくさん教えたかったから。**ワーク3** 「声が大きすぎるよ」「もっとフツウの声で話して」**ワーク4** 「フツウの声」がどんな大きさなのかわからなかった／「声を小さくすると相手に伝《つた》わらないのではないか」という不安　**ワーク6** ①学校　②登校時　**ワーク7** ①わたし　②わたし　③田中さん　**ワーク9** 「ポコポコと話題が生まれる感じ」「話題」

10

（50ページ）**ワーク2** ①わたし（が）　②（村の）茂平《もへい》というおじいさん（に）　**ワーク3** ひとりぼっちの（小ぎつね）　**ワーク4** 畑へ入っていもをほり散《ち》らしたり、菜種《なたね》がらのほしてあるのへ火をつけたり、百姓家《ひゃくしょうや》のうら手につるしてあるとんがらしをむしり取っていったり　**ワーク6** ①（町の）活動写真館（で）　②セロを弾《ひ》く（係り）　**ワーク7** ①一生けん命歌っています。②二《ふた》いろ風のように鳴っています。③ボーボーとそれに手伝《てつだ》っています。**ワーク8** ゴーシュも口をりんと結《むす》んで眼《め》を皿《さら》のようにして楽譜《がくふ》を見つめながらもう一心に弾《ひ》いています。

11

（52ページ）**ワーク2** ①学校の二階から飛《と》び降《お》りた。②（例《れい》）同級生から「弱虫やーい」などとからかわれたので、そうでないことを証明《しょうめい》したかったから。**ワーク3** 父親「二階ぐらいから飛《と》び降《お》りて腰《こし》を抜《ぬ》かす奴《やつ》があるか」　主人公「この次は抜《ぬ》かさずに飛《と》んで見せます」　**ワーク5** どこ：唐《とう》の都洛陽《みやこらくよう》の西の門の下　どんな様子：ぼんやり空を仰《あお》いでいる　**ワーク6** ①杜子春《とししゅん》　②金持《かねもち》の息子《むすこ》　③（その日の暮《くら》しにも困《こま》る位《くらい》、）憐《あわれ》な身分（になっている。）　**ワーク7** しっきりなく、人や車が通っていました。

12

（54ページ）ワーク1 ①こい ②おもう ③いのしし ④こえ ⑤ゆうぐれ ⑥いずれ ⑦おかし ⑧あわれ ⑨おわす ⑩よろず ワーク3 ❶いう ❷いいける ワーク4 その竹の中に、もと光る竹なむ一筋《ひとすじ》ありける。 ワーク5 それを見れば、三寸《さんずん》ばかりなる人、いとうつくしうてゐたり。

【竹取物語／現代語訳《げんだいごやく》】今では遠い昔のことだが、竹取のおじいさんとよばれる者がいた。野山で竹を取っては、いろいろなことに使っていた。名前を「さぬきのみやつこ」といった。ある日、竹林の中に、根元が光る竹が一本あった。不思議《ふしぎ》に思って近寄《ちかよ》ってみると、竹の筒《つつ》の中が光っている。そこを見ると、三寸《さんずん》くらいの小さな人が、とてもかわいらしい様子ですわっていた。

13

（56ページ）ワーク2 ①明け方 ワーク3 ようよう ワーク4 春：あけぼの。やうやう白くなりゆく山ぎはすこしあかりて、紫《むらさき》だちたる雲のほそくたなびきたる。夏：夜。月のころはさらなり。闇《やみ》もなほ、蛍《ほたる》の多く飛《と》びちがひたる。また、ただ一つ二つなど、ほのかにうち光りて行くもをかし。雨など降《ふ》るもをかし。

【枕草子《まくらのそうし》／現代語訳《げんだいごやく》】春は夜が明ける頃《ころ》(がよい)。だんだんと白んで、山際《やまぎわ》が少し明るくなって、紫《むらさき》がかっている雲が細くたなびいている様子（がよい）。夏は夜（がよい）。月が出ている頃《ころ》は言うまでもなく、闇夜《やみよ》もまた、蛍《ほたる》が多く飛《と》び交っている様子（もよい）。一匹《いっぴき》、二匹《にひき》がほんのり光って飛《と》んでいくのも趣《おもむき》がある。雨が降《ふ》るのも趣《おもむき》があってよい。

ワーク6 ものぐるおしけれ ワーク7 （例《れい》）することもなくたいくつなので、一日中硯《すずり》に向かって、心に浮かんでは消えていくつまらないことを、とりとめもなく書いていると、不思議《ふしぎ》と狂《くる》おしい気持ちになる。

14

（58ページ）ワーク2 とらえて ワーク3 （例《れい》）月日は永遠《えいえん》の旅人のようで、過《す》ぎては来る年もまた旅人のようなものである。船頭や馬《うま》方《かた》は毎日が旅であり、旅を住みかとしている。昔の詩人も、旅先で亡《な》くなった人が多くいる。 ワーク4 ② ワーク5 ①オ ②ウ ③ア ④イ ⑤エ

第3章 生活の中の文章読解

（61ページ）チャレンジ ①いつ：11月1日（月）～3日（水）10：00～16：00（最終日は15：00まで） どこで：花咲《はなさき》高校校舎《こうしゃ》・体育館 何があるのか：花咲《はなさき》高等学校秋の文化祭

1

（62ページ）ワーク1 ①5月29日（火）1時間目 ②外ばきにはきかえて校庭に集合。 ワーク2 教室内でテスト勉強をする。 ワーク3 3・4時間目に図書室である。 ワーク4 （昼食後）清掃《せいそう》をして帰りの会のあと14時完全《かんぜん》下校。 ワーク5 旧暦《きゅうれき》の月の名前。 ワーク6 睦《む》月《つき》／如月《きさらぎ》／弥生《やよい》／卯月《うづき》／皐月《さつき》／水無月《みなづき》／文月《ふみづき》／葉月《はづき》／長月《ながつき》／神《かん》無月《なづき》／霜月《しもつき》／師走《しわす》

2

（64ページ）ワーク1 7月20日～22日／3（日間） ワーク2 社会／理科／保健《ほけん》体育 ワーク3 国語：7月20日2限目 音楽：7月22日1限目 ワーク4 1年：7月22日1限目 2年：7月21日3限目 3年：7月20日3限目 ワーク8 ①「漢字ワーク」 ②プリント3、4 ③「英語《えいご》ワークブック」

3

（66ページ）ワーク1 ①都立桜《さくら》が丘《おか》高等学校 校長田中太郎《たろう》（先生） ②1年生のみなさん ワーク2 ①5月25日（木） ②1年生（のみなさん） ③箱根《はこね》 ④電車・バス ワーク3 参加申込書《もうしこみしょ》に必要事項《ひつようじこう》を記入し、保護者《ほごしゃ》の方の印鑑《いんかん》をいただいて、4月20日までに担任《たんにん》（の先生）に提出《ていしゅつ》。 ワーク5 旅行などの日程《にってい》のこと。 ワーク6 ①8：00 ②18：00 ワーク7 ①12：00に芦ノ湖《あしのこ》のレストラン ②13：15に芦《あし》ノ湖《こ》前

4（68ページ）①令和《れいわ》高校サッカー部顧問《こもん》　松本《まつもと》（先生）　②サッカー部員のみなさん　**ワーク2**　①7月20日（日）9：00～　②ABCフットボールセンター　③県立南山高校サッカー部　**ワーク3**　観戦《かんせん》を希《き》望《ぼう》する人数を、今月15日までにマネージャーの森さんにメールで連《れん》絡《らく》する。　**ワーク5**　①令和《れいわ》高等学校吹奏楽部《すいそうがくぶ》部員一同　②大山健《けん》太《た》先生　③「スプリングコンサート」のご案内《あんない》　**ワーク6**　①3月15日（土）　②令和《れいわ》高等学校体育館　**ワーク7**　チラシとチケット

5（70ページ）　**ワーク2**　（花粉症《かふんしょう》は、）スギやヒノキなどの花粉《かふん》が人の体に入ることによって引き起こされるアレルギーです。　**ワーク3**　花粉《かふん》を体内に入れないようにすること。　**ワーク4**　マスク、メガネ、点鼻薬《てんびやく》、花粉《かふん》が付着《ふちゃく》しにくい素材《そざい》でできた洋服や帽子《ぼうし》、花粉《かふん》をブロックするスプレーやシール　**ワーク7**　①沖縄《おきなわ》の南の海上で停滞《ていたい》（している）　②ゆっくり北上し、週末《しゅうまつ》には九州に最《もっと》も近づく見込《みこ》み　**ワーク8**　①雨が降《ふ》りやすくなる。　②高気圧《こうきあつ》におおわれて青空が広がる。　③よく晴《は》れるが夕方はにわか雨に注意が必要《ひつよう》。

6（72ページ）　**ワーク1**　①平日11：30～14：00　②1200　③パスタ　④ピザ　⑤サイドメニュー　⑥デザート　⑦ドリンク（⑤～⑦は順不同）　**ワーク2**　①ナポリタン・ミートソース・明太子　②トマトチーズ・ハムソーセージ・魚介　③スープ・ミニサラダ　④プリン・フルーツシャーベット・バニラアイス　⑤＋50円でできます。

7（74ページ）　**ワーク1**　①エベレスト　②8,848　③K2　④カンチェンジュンガ　⑤富士山《ふじさん》　⑥3,776　⑦北岳《きただけ》　⑧奥穂高岳《おくほだかだけ》　**ワーク2**　①ナイル川　②6,695　③アマゾン川　④長江《ちょうこう》　⑤信濃川《しなのがわ》　⑥367　⑦利根川《とねがわ》　⑧石狩《いしかり》川《がわ》　**ワーク3**　（ア）山梨《やまなし》県　（イ）北海道　**ワーク4**　（下の図参照《さんしょう》）　**ワーク5**　①60分以上《いじょう》90分未満《みまん》　②14人　**ワーク6**　①0～30分未満《みまん》　②2人

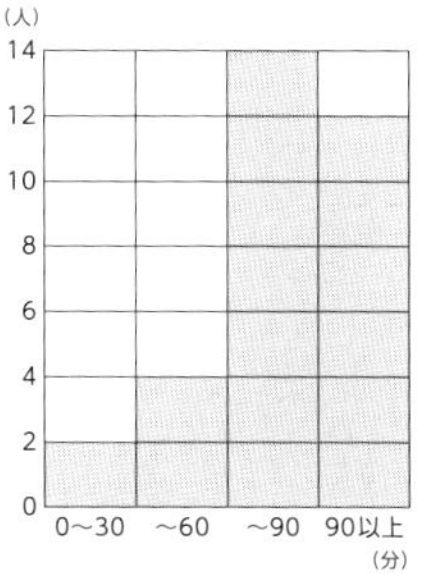

(人)
14
12
10
8
6
4
2
0
0～30
～60
～90
90以上
(分)

8（76ページ）　**ワーク1**　①「燃《も》やすごみ用」「プラスチックごみ用」「燃《も》やさないごみ用」　②3　**ワーク2**　燃《も》やさないごみ、ビン、カン、有害ごみ　**ワーク3**　月曜日に、束《たば》ねてひもで十文字に縛《しば》って出す。　**ワーク4**　②有害《ゆうがい》ごみ　③ペットボトル　④燃《も》やすごみ　⑤プラスチック製容器《せいようき》・包装類《ほうそうるい》　⑥ビン　**ワーク5**　電話・インターネットで事前に申《もう》し込《こ》む。（0－2・×××・〇〇〇〇）

9（78ページ）　**ワーク1**　HAMANO電機　花咲《はなさき》店　**ワーク2**　（20××年）9（月）1（日まで）　**ワーク3**　①販売店《はんばいてん》に保証書《ほしょうしょ》と一緒《いっしょ》に品物を持っていく。　②お客さまの過失《かしつ》による故障《こしょう》の場合。　**ワーク4**　希《き》望《ぼう》により有料《ゆうりょう》で修理《しゅうり》。　**ワーク7**　目をこすらずに、すぐに水道水などのきれいな水で十分に洗《あら》い、直ちに医師《いし》に相談する。

第4章　英語

2（84ページ）　**ワーク1**　①黄色　②白　③赤　④緑　⑤青　**ワーク2**　①茶色い　②白い

3（86ページ）（下の図参照《さんしょう》）　**ワーク1**　①こんにちは　②おやすみなさい　③こんにちは　④やあ

4（88ページ）【日本の四季《しき》】日本には4つの季節《きせつ》があります・春は桜《さくら》の花が咲《さ》きます。夏は海で泳ぐことができます。秋は美しい紅葉《こうよう》を楽しむことができます。冬は日本の多くの場所で雪が降《ふ》ります。
（89ページ）【日本の有名なもの】日本には天ぷらや寿司《すし》、すきやきなど有名な食べ物がたくさんあります。富士山《ふじさん》、東京タワー、寺院や温泉《おんせん》もまた人気があります。日本の漫画《まんが》やアニメもとても有名です。

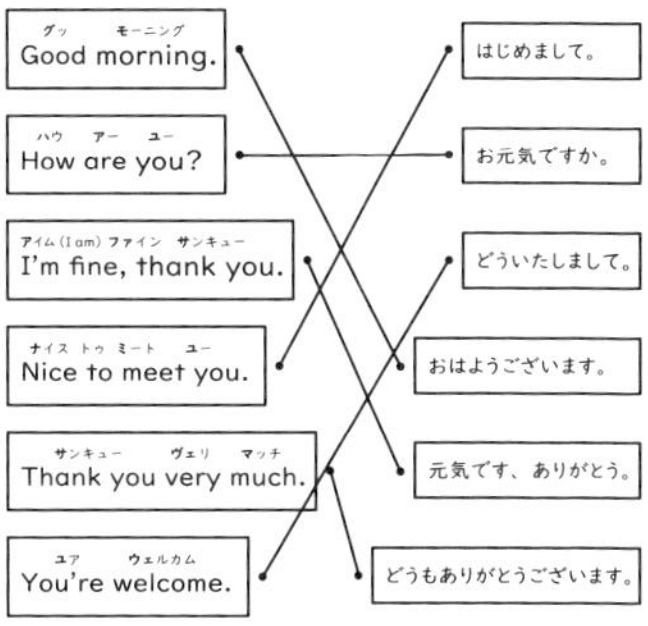

Good《グッ》 morning《モーニング》.
How《ハウ》 are《アー》 you《ユー》?
I'm《アイム(I am)》 fine《ファイン》, thank you《サンキュー》.
Nice《ナイス》 to《トゥ》 meet《ミート》 you《ユー》.
Thank you《サンキュー》 very《ヴェリ》 much《マッチ》.
You're《ユア》 welcome《ウェルカム》.
はじめまして。
お元気ですか。
どういたしまして。
おはようございます。
元気です、ありがとう。
どうもありがとうございます。

伊庭葉子（いば・ようこ）［監修］

株式会社 Grow-S 代表取締役 (特別支援教育士)
1990年より発達障害をもつ子どもたちの学習塾「さくらんぼ教室」を展開。一人ひとりに合わせた個別の学習指導、SST（ソーシャル・スキル・トレーニング）指導、進路選択や自立の準備、保護者サポートを通して長期的な支援を目指す。教材の出版、公的機関との連携事業、学校支援、講演や教員研修なども行う。
著書／『特別支援の国語教材』『特別支援のSST教材』(Gakken)、『さくらんぼワークはじめての読解・作文』『同／はじめての計算・文章題』(明治図書)
監修／『自分のペースで学びたい子のためのサポートドリル』すてっぷ1～6『中高生のためのSST ワーク』学校生活編・コミュニケーション編（学事出版）

濱野智恵（はまの・ともえ）［編著］

株式会社 Grow-S 教育事業部長（特別支援教育士・公認心理師）
さくらんぼ教室教室長として多くの生徒の指導・支援にあたる。2016年より東京都教育委員会の委託事業「コミュニケーションアシスト講座」運営責任者として、1,000人以上の都立高校生を指導。一人ひとりの個性に合わせた実践を、学校における支援へとつなげる。特別支援学校の外部専門員、都立高校における通級指導、出張授業、教員研修なども行う。

【さくらんぼ教室】

勉強が苦手な子ども、発達障害をもつ子どものための学習塾。1990年の開設以来、「自分らしく生きるために、学ぼう。」をスローガンに、一人ひとりに合わせた学習指導、SST 指導を実践。千葉県・東京都・神奈川県の15教室で2歳～社会人まで3,000人が学習中 (2023年8月現在)。教材の出版、学校での出張授業や研修、発達障害理解・啓発イベントなども行う。
さくらんぼ教室HP　https://www.sakuranbo-class.com/

学校生活で「できる」が増える!
中高生のための学習サポートワーク　言葉・読み方編

2023年9月25日　初版第1刷発行

監　修	伊庭葉子	企画	三上直樹
編　著	濱野智恵	編集協力	狩生有希（株式会社桂樹社グループ）
発行者	安部英行	イラスト	かみじょーひろ／寺平京子
発行所	学事出版株式会社	デザイン・装丁	中田聡美
	〒101-0051　東京都千代田区神田神保町1-2-5	印刷・製本	瞬報社写真印刷株式会社
	電話　03-3518-9655		
	HP アドレス　https://www.gakuji.co.jp		

ISBN978-4-7619-2962-6　C3037

※本書のワークはくり返しコピーして使えます